ACCESO GRATIS *a la Lectura en la Nube*

Para visualizar el libro electrónico en la nube de lectura envíe junto a su nombre y apellidos una fotografía del código de barras situado en la contraportada del libro y otra del ticket de compra a la dirección:

ebooktirant@tirant.com

En un máximo de 72 horas laborables le enviaremos el código de acceso con sus instrucciones.

AF275990

Las situaciones de aprendizaje en secundaria y bachillerato en la especialidad de educación física:

Por qué, cómo y ejemplos listos para aplicar

Miguel Ángel Jiménez
Rodríguez
Josep Esteve Furió Vayà
Mauro Alberola Albors

Las situaciones de aprendizaje en secundaria y bachillerato en la especialidad de educación física:

Por qué, cómo y ejemplos listos para aplicar

tirant humanidades
Valencia, 2025

En caso de erratas y actualizaciones, la Editorial Tirant Humanidades publicará la pertinente corrección en la página web www.tirant.com.

Director de la colección:
JUAN MANUEL FERNÁNDEZ SORIA

© Miguel Ángel Jiménez Rodríguez
Josep Esteve Furió Vayà
Mauro Alberola Albors

© TIRANT HUMANIDADES
EDITA: TIRANT HUMANIDADES
C/ Artes Gráficas, 14 - 46010 - Valencia
TELFS.: 96/361 00 48 - 50
FAX: 96/369 41 51
Email:tlb@tirant.com
www.tirant.com
Librería virtual: www.tirant.es
DEPÓSITO LEGAL: V-3102-2025
ISBN: 978-84-1081-366-3

Si tiene alguna queja o sugerencia, envíenos un mail a: atencioncliente@tirant. com. En caso de no ser atendida su sugerencia, por favor, lea en *www.tirant. net/index.php/empresa/politicas-de-empresa* nuestro Procedimiento de quejas.

Responsabilidad Social Corporativa:
http://www.tirant.net/Docs/RSCTirant.pdf

Índice

Presentación de la estructura y contenidos del libro

Esta obra, que contiene una guía para la elaboración de situaciones de aprendizaje, forma parte de una colección por especialidades en la Ed. Secundaria y el Bachillerato, así como algunas familias de la Formación Profesional. En ellas se ha querido ofrecer una propuesta diferente. No se ha buscado solo facilitar al profesorado "situaciones de aprendizaje tipo", como las que podemos encontrar en las páginas de la Administración, en una búsqueda en la red o, incluso, pidiendo a la IA que las elabore, sino que se busca una comprensión, lo más profunda posible, del sentido de las situaciones de aprendizaje y de la lógica y coherencia interna de su diseño.

Este libro tiene dos partes bien diferenciadas: la primera incide en la teoría que sustenta y los procedimientos que hacen posible el diseño de situaciones de aprendizaje bien alineadas. La segunda propondrá, sobre dos ejemplos concretos, sendos modelos de diseño de situaciones de aprendizaje. Una vez vista la estructura, anticipamos qué podremos encontrar en cada uno de estos bloques.

La primera parte de este trabajo comienza con una breve fundamentación teórica que servirá de base para el desarrollo de las situaciones de aprendizaje. Los pilares de dicha fundamentación son el paradigma de la enseñanza centrada en el aprendizaje de Barr y Tagg, el alineamiento constructivo de Biggs y el aprendizaje visible de Hattie y Zierer— proponiendo desde ahí un modelo de diseño curricular lo más coherente posible. La intención es formativa por lo que la presentación de estos principios teóricos irá precedida por la justificación de la incidencia que los aprendizajes que se pretenden conectan con las competencias propias del profesorado establecidas en la Orden ECI/3858/2007 que regula la formación inicial del profesorado de Secundaria, Bachillerato, Formación Profesional y Enseñanza de Idiomas que está en vigor.

En segundo lugar, se construirá un mapa de ideas clave para situarse de forma organizada en el territorio conceptual —la arquitectura pedagógica— planteada por la LOMLOE. En este punto, al que dedicaremos un capítulo, se explicará el sentido de cada uno de los términos fundamentales que se emplean y la articulación de estos.

Seguidamente se darán algunas pautas para realizar el desarrollo de la programación curricular colectiva, la denominada Propuesta Pedagógica del centro, que es responsabilidad de los departamentos.

A continuación, nos centraremos en las situaciones de aprendizaje, como concreción curricular que decanta toda esta estructura y la concreta para ser ofrecida como medio de aprendizaje para el alumnado.

El desarrollo de la segunda parte del libro será la presentación del diseño de dos situaciones de aprendizaje para diferentes cursos dentro de la especialidad de Secundaria y Bachillerato o familia profesional en el caso de la FP. En ellas, lo más relevante será poner de manifiesto el discurso mental que los autores han llevado a cabo para realizar la propuesta. No importa tanto tener modelos hechos, sino entrenar cognitivamente a los destinatarios de esta guía —que son los propios profesores del Máster de Secundaria, el alumnado, los opositores y los profesores en ejercicio para su formación continua— para que puedan comprender la lógica del discurso mental que les permita tomar buenas decisiones curriculares aplicando, lo mejor posible, las premisas de los paradigmas y planteamientos teóricos a los que se ha aludido anteriormente.

Los autores de este proyecto son en su práctica totalidad profesores del módulo específico del Máster Universitario en Formación del Profesorado de Secundaria, Formación Profesional y Enseñanza de Idiomas de la Universidad Católica de Valencia que han formado equipos por especialidades. En todos los equipos participa al menos un profesor de Secundaria, Bachillerato o Formación Profesional, según los casos, que puede ser al mismo tiempo profesor del Máster o no. Todos los equipos en su conjunto y cada uno de ellos se han coordinado y formado juntos siguiendo pautas comunes para la elaboración de esta guía, y el conjunto de guías por especialidades, que constituyen el proyecto.

Capítulo 1.
Justificación y principios teóricos de la obra

A diferencia de otras disciplinas, donde la teoría y la investigación son los pilares esenciales de la práctica, en educación parece que no fuera así. No hay argumento más demoledor para una propuesta de acción distinta a lo común, que tacharla de ser "muy teórica".

Lo mismo sucede cuando se alude a evidencias de "investigación educativa", que no suelen ser la lectura de cabecera de los docentes, y de las cuales parece que no se tenga excesiva confianza. En este sentido Murillo y Martínez-Garrido (2020) publicaron con el título "¿Para qué sirven las revistas de investigación educativa?" una reflexión muy interesante donde revisan por dónde va la investigación educativa, para qué se hace y las conexiones, o la desconexión, que esta tiene con la práctica y los prácticos. Las conclusiones no son muy esperanzadoras: según los autores se investiga más para publicar que para mejorar la realidad educativa y los profesores desconfían de dicha investigación educativa, en el caso de que alguna vez hayan tenido contacto con ella.

Esta obra pretende romper esta dicotomía que tanto daño hace al avance de la Educación en general. Vamos a poner sobre la mesa una serie de principios teóricos, que alineen bien las ideas, y, sobre ellas, vamos a construir coherentemente situaciones de aprendizaje.

Estás situaciones se construirán paso a paso, evidenciando la lógica de pensamiento que contribuya a la elección adecuada y el diseño preciso de cada elemento curricular. Pretendemos, en este libro y en los que forman la colección por especialidades, modelar y modelizar un discurso mental que lleve a la coherencia interna según un paradigma de enseñanza centrada en el aprendizaje.

Aunque ofreceremos una plantilla de programación, la intención es liberar — empoderar, podríamos decir— a los docentes de cualquier plantilla, que las puedan emplear todas o generar otras propias, estén en la etapa profesional que estén, desde la formación inicial hasta aquellos que lleven una larga trayectoria. Y este objetivo se logrará si conseguimos apoyar una comprensión profunda del diseño curricular. El propósito de esta obra no es que se aprenda a rellenar los huecos de todos los elementos preceptivos de las situaciones de aprendizaje, con elementos más o menos ocurrentes o "de moda pedagógica" sino capacitar para decidir con fundamento y deducir qué elementos son en cada momento los mejores posibles, en función de los resultados de aprendizaje que se pretendan y del análisis de todas las variables del contexto. Este análisis lo es del alumnado, del centro y su entorno, de los medios con los que se cuenta, el tiempo del que se dispone... pero también del universo de creencias del docente que es el que determinará su práctica.

Siguiendo a Kurt Lewin, estamos convencidos de que no encontraremos nada que transforme la realidad y potencie la innovación como una buena teoría. Los cambios en educación son lentos, costosos y es difícil que se consoliden porque no suelen abordarse desde el cambio de mentalidad sino desde el cambio de las prácticas que no arrastra de forma coherente el resto de los elementos del sistema. Este atajo suele terminar haciendo un recorrido de vuelta atrás. Coexisten ideas y prácticas que, a menudo, pertenecen a paradigmas diferentes, e incluso contradictorios, lo que genera al final incoherencias que ninguna otra disciplina científica o profesional daría por válidas. Pongamos por ejemplo la introducción de metodologías activas que se han venido dando en los últimos años sin que esto haya tenido consecuencias notables en los modelos de evaluación. O afirmar que se están desarrollando competencias cuando lo único que se desarrolla y se evalúa de forma sistemática son los contenidos... En el fondo, a los cambios e innovaciones en educación suele faltarles la reflexión del porqué se hacen las cosas y cómo lo que se introduce modifica al resto, incluida la estructura y los espacios, si es preciso. La innovación en muchas ocasiones se superpone al trabajo que ya se realizaba y que, sobre todo, las creencias más implícitas y comúnmente aceptadas, impiden modificar porque dan "respuestas seguras"— o más bien consolidadas de lo que deben ser las cosas— lo que convierte a la propia innovación en sobrecarga. A veces, la dificultad es externa. En Bachillerato fundamentalmente se pone de manifiesto la contradicción entre un currículo competencial prescriptivo y unas pruebas de acceso a la universidad "que no son tan competenciales", aunque la última reforma camina en esta dirección, y que terminan convirtiendo a esta etapa en propedéutica para la prueba, que se resiste a ser modificada de forma coherente con los postulados de las propias leyes orgánicas de Educación e incluso con el EEES que debiera regir los estudios universitarios.

Otra dificultad para los cambios sistémicos es la falta de rigor al evidenciar los resultados de dichos cambios. Se promulgan leyes que pretenden modificar la realidad sin investigar sobre el resultado de las modificaciones previas.

También es un escollo, que no encontramos en otras áreas del conocimiento, la falta de consenso fundamentado lo que genera una gran diversidad de sistemas de trabajo, incluso en un mismo centro — cada maestrillo tiene su librillo— que manifiesta que no existe una base científico-pedagógica común —o no común— y, si se tiene, no suele ser comparable a la seguridad que ofrece la formación científico-disciplinar que el profesorado ha adquirido de su materia en su carrera, lo que les lleva a encontrar refugio en ella y a considerar "extraños", "subjetivos" y "poco académicos" los aprendizajes que no sean aprendizajes conceptuales de los que la LOMLOE esta cuajada, y que están en el currículo prescriptivo desde la LOE de 2006, que, no olvidemos, la LOMLOE modifica. Por eso, aunque estos aprendizajes más competenciales estén en el currículo prescriptivo y son el referente de los criterios de evaluación oficiales, ni se enseñan ni se evalúan sistemáticamente. Si a esto le añadimos la dificultad de que en los centros exista un liderazgo pedagógico claro que procure la formación necesaria unida a la implementación efectiva y sostenida de líneas pedagógicas estratégicas, encontramos que la implantación de los cambios profundos en educación no terminen de despegar.

La práctica es esencial, porque nadie sabe lo que no hace. Pero la práctica es también buena reproductora de sí misma. La cantidad de práctica educativa mejora los procesos, los automatiza y consolida, pero no los puede transformar, porque para actuar en dicha práctica de forma distinta ha de haber antes una idea diferente de lo que es la Educación. Un cambio paradigmático. La innovación está en el mundo de las ideas, de la teoría. Por eso, si se propone un cambio en las prácticas educativas y no ha existido antes la formación teórica suficiente, la del mundo de las ideas, esa que a veces se denosta en nuestro campo, en parte porque no produce frutos inmediatos y a los profesores nos gusta la eficacia, en parte porque la formación del profesorado no termina de capacitar para conectar con la teoría pedagógica que sustenta la innovación, no hay posibilidad de avance colectivo. La práctica, por sí misma, no es la solución. Nuestro sistema necesita de una sólida teoría que sea capaz de cambiar nuestras creencias, que siempre están presentes y que hemos de vigilar para no volver al camino transitado. Unas nuevas creencias que puedan responder a todas las preguntas clave: por qué, para qué, cómo, cuándo, ... generar y acompañar el aprendizaje y evaluarlo.

Sin la teoría no hay posibilidad de cambiar una profesión basada en la práctica y la experiencia, tan rica como limitada, de cada profesional que tiene, a su vez, como referente esa misma propia experiencia vivida, muchas veces como alumno, o como profesor que ha ido construyendo, con *sangre sudor y lágrimas*, su concepción de lo que es ser *un buen profesor*. Este imaginario es el que preside los miles de decisiones que los docentes tomamos cada día. Marcelo (2009).

Lejos de pretender ofrecer "modelos listos para ser consumidos", esta obra presenta, en un formato corto por especialidades, solo un par de situaciones de aprendizaje que pretenden ser, ante todo, un par de *guías de pensamiento para la creación*. Esta es nuestra pequeña aportación diferencial, como decíamos más arriba, a lo que puede hacer ya la IA, una búsqueda de situaciones de aprendizaje ya elaboradas en Internet o las que brindan las editoriales. No se trata, por tanto, de tener las "programaciones hechas" sino de capacitarnos para una creación única, original, adaptada y sobre todo coherente, bien fundamentada y propia. Igual que es difícil estudiar con apuntes ajenos, es difícil implementar diseños curriculares ajenos. Porque cuando se diseña se anticipa, se imagina, se integra y prevé la realidad con su contexto, con lo que puede servir o no en mi aula, con mis alumnos y con lo que yo como docente me siento seguro de llevar a cabo. Por supuesto esto no quiere decir que no empleemos todas las herramientas y modelos que podamos tener a nuestra disposición —incluida la IA— pero no es lo mismo tener las programaciones hechas para ser entregadas como instrumento burocrático que tener un plan personal de acción, para mí y mis alumnos, con mis compañeros concretos, en mi centro y con las familias o tutores, de mi alumnado.

El objetivo es guiar el proceso de pensamiento y sistematizar cómo los alumnos deben aprender en un formato coherente con un paradigma teórico competencial. Este nos remite irremediablemente a la combinación dinámica de conceptos, procedimientos y actitudes, que se ponen en acción para resolver problemas de forma adecuada, experta, en un contexto, en una situación determinada. De ahí que las "situaciones de aprendizaje" sean una forma conceptualmente idónea de organizar el aprendizaje en este paradigma competencial en el que queremos estar.

Sin perder tiempo en asentar la teoría, sin invertir en formación, el cambio legislativo se domestica y pasa a ser nominativo. La cuestión no puede ser "antes a esto le llamaban x y ahora dicen que hay que llamarle y. No hacen más que cambiar el nombre a las cosas". Llevamos décadas con el *gatopardismo* perfecto. Cambiamos todo para que nada cambie.

Por supuesto, la responsabilidad no es del profesorado que se defiende de los agotadores cambios ideológico-legislativos y la burocracia asfixiante que solo exige sin dar nada a cambio. Pero, al mismo tiempo, este modo de proceder hace inviables las propuestas porque no se prevé ni se invierte en el cómo. Sírvanos de ejemplo el elemento nuclear de la educación por competencias que ya hemos comentado. Está presente en todas las etapas educativas hace más de 25 años y sigue sin ser una realidad. Las causas son múltiples, están descritas en numerosas investigaciones, como por ejemplo el trabajo de Contreras, González Martí y Gil (2019) que publicaban un artículo con el título "La dificultad de la implementación de una enseñanza por competencias en España" y que no podemos comentar por motivos de espacio.

Sin embargo, el propósito de este libro sí entronca con esta línea de contribución a la educación desde la teoría a la práctica. Y se concreta en contribuir a:

A. La mejora de la formación inicial del profesorado de Secundaria, Bachillerato, Formación Profesional y Enseñanza de Idiomas.

B. El cambio en la concepción del diseño curricular en general —y de las situaciones de aprendizaje de forma particular— de forma sistémica y desde el paradigma de la enseñanza centrada en el aprendizaje.

C. Mostrar cómo aplicar de forma consistente los principios teóricos del alineamiento constructivo de Biggs.

A continuación, desarrollaremos cada uno de estos puntos que veremos aplicados en el resto de la obra.

A. LA MEJORA DE LA FORMACIÓN INICIAL DEL PROFESORADO DE SECUNDARIA, BACHILLERATO, FORMACIÓN PROFESIONAL Y ENSEÑANZA DE IDIOMAS

La formación inicial del profesorado no parece estar siendo la adecuada para desarrollar un currículo competencial o si se quiere, hace falta una formación inicial alternativa si se pretende que esto sea posible. Existen numerosos artículos que analizan este tema como por ejemplo el de Urkidi, Losada, López y Yuste (2020) que lleva por título "El acceso a la formación inicial del profesorado y la mejora de la calidad docente" que analiza el problema de la formación inicial desde el mismo momento de la selección de los candidatos a docentes. Países de referencia en Europa, como sigue siendo Finlandia, por ejemplo, tienen claro que la inversión en educación es vital para la sociedad en su conjunto y, para que esto sea efectivo y eficiente — porque en España que la educación sea importante como idea nadie puede discutirlo — es necesario formar lo mejor posible a los mejores. De este modo consiguen lo que para el sistema finlandés es el mayor logro más allá de los resultados de PISA: que el colegio que tengas más cerca sea el mejor colegio y que todos se parezcan mucho entre sí en calidad y medios. Eso sí, dotándoles de autonomía en la gestión de centro y de aula. Finlandia carece de inspección educativa; la tuvo, investigó sobre la eficiencia en resultados de esta y, a la vista de las evidencias de dicha investigación, la removió para invertir esos recursos en la mejora de la calidad de cada profesor en cada aula. Es verdad que cada contexto necesita sus propias medidas. Pero algunos principios, como son formar a los mejores — y no a un múltiplo elevado de candidatos indiscriminado en relación con las plazas disponibles en el sistema educativo — o basar las decisiones educativas en evidencias de investigación y no en otras como el equilibrio de intereses de los colectivos implicados o en cuestiones ideológicas— parece lógico, y les va bien.

Que para llevar a cabo las propuestas competenciales de la LOMLOE es necesario incidir en la formación inicial y continua del profesorado, así como una reforma de la profesión docente, lo dice la propia ley. La disposición adicional séptima fijó en 2020 el plazo de un año *"para realizar una propuesta normativa que regule, entre otros aspectos, la formación inicial y permanente, el acceso y el desarrollo profesional docente".* En este momento, curso 2024-25, seguimos esperándola. Pero, al igual que la norma puede ayudar, pero no transformar la realidad educativa, tampoco el cambio en la normativa de formación solucionará el problema.

Nos gustaría añadir, al menos, una perspectiva muy interesante y es la que se plantea en la obra de Cordero y Carnicero (2021) que forman parte del observatorio sobre Educación de la Universidad de Barcelona, y cuyo título es revelador: *¿Quién forma a los futuros docentes?* No es posible cambiar el sistema solo modificando el qué; es preciso entrar en el factor humano reflexionando sobre el quién.

Un análisis del perfil del profesorado de las facultades de educación explica, en parte, que sean los contenidos y no las competencias las que en realidad dominen el panorama formativo.

De hecho, la Orden ECI/3858/2007 que regula la formación del profesorado, sirviendo de base común para todos los planes de estudios de máster que las universidades propusieron en su día y que llevan más de quince años impartiendo, establece un perfil de salida de mínimos comunes, definido por medio de una serie de competencias, que no están nada mal. Uno de los problemas más graves que tiene la universidad española para la verdadera entrada en el Espacio Europeo de Educación Superior es que define perfiles de egreso que no evalúa ni verifica en sus egresados y, por lo tanto, ignora si los consigue.

Al igual que en cualquier otro título universitario, cuando un alumno egresa del Máster de Secundaria, la universidad que otorga la titulación debería garantizar que dicho egresado ha adquirido, efectivamente, las competencias que definen este perfil de egreso. Justo como veremos que plantea la LOMLOE en su "nuevo" perfil de salida. Seguramente, si esto operase en la formación inicial resultaría mucho más sencillo que el profesorado imaginara, por experiencia propia, cómo los alumnos de las enseñanzas de Secundaria y Bachillerato —no tanto los de FP pues la estructura curricular es mucho más clara desde el punto de vista competencial— cursan las asignaturas como medio para alcanzar ese perfil de salida. Las asignaturas no podrían ser concebidas como fines en sí mismas, sino como medios para alcanzar las competencias descritas en el perfil, lo que sí ocurre hoy. Las competencias del perfil de egreso del Máster, todavía en vigor, a menudo son desconocidas incluso por los protagonistas, profesorado y alumnado. Nos parece relevante recordarlas. Son, digamos, todavía adecuadas. Actualizarlas estará bien, pero, si el cambio no va más allá, volveremos al 2007 como en "El día de la marmota".

Como evidencia de que el cambio en los curricula no es suficiente, vamos a trasladarlas aquí para recordar cuáles son, subrayaremos algunas ideas esenciales en ellas y luego comentaremos cómo el diseño de situaciones de aprendizaje, objeto de esta obra, incide de forma directa y, por lo tanto, podemos decir que contribuiremos a mejorar dicha formación inicial. Las competencias/resultados de aprendizaje del Máster son:

1. *Conocer los <u>contenidos curriculares</u> de las materias relativas a la especialización docente correspondiente, así como el <u>cuerpo de conocimientos didácticos</u> en torno a los procesos de enseñanza y aprendizaje respectivos. Para la formación profesional se incluirá el conocimiento de las respectivas profesiones.*

2. *<u>Planificar, desarrollar y evaluar el proceso de enseñanza y aprendizaje</u> potenciando procesos educativos que faciliten la <u>adquisición de las competencias</u> propias de las respectivas enseñanzas, atendiendo al nivel y formación previa de los estudiantes, así como la orientación de los mismos, <u>tanto individualmente como en colaboración con otros docentes y profesionales</u> del centro.*

3. *Buscar, obtener, procesar y comunicar información (oral, impresa, audiovisual, digital o multimedia), <u>transformarla en conocimiento y aplicarla en los procesos de enseñanza y aprendizaje</u> en las materias propias de la especialización cursada.*

4. *<u>Concretar el currículo que se vaya a implantar en un centro docente participando en la planificación colectiva del mismo</u>; desarrollar y aplicar <u>metodologías</u> didácticas tanto grupales como personalizadas, <u>adaptadas a la diversidad</u> de los estudiantes.*

5. *<u>Diseñar y desarrollar espacios de aprendizaje con especial atención a la equidad, la educación emocional y en valores, la igualdad de derechos y oportunidades entre hombres y mujeres, la formación ciudadana y el respeto de los derechos humanos que faciliten la vida en sociedad, la toma de decisiones y la construcción de un futuro sostenible.</u>*

6. *Adquirir estrategias <u>para estimular el esfuerzo del estudiante y promover su capacidad para aprender por sí mismo y con otros</u>, y desarrollar habilidades de <u>pensamiento y de decisión que faciliten la autonomía, la confianza e iniciativa personales</u>.*

7. *Conocer los procesos de <u>interacción y comunicación en el aula</u>, dominar destrezas y habilidades sociales necesarias para fomentar el aprendizaje y la convivencia en el aula, y <u>abordar problemas de disciplina y resolución de conflictos</u>.*

8. Diseñar y realizar <u>actividades formales y no formales</u> que contribuyan a hacer del centro un lugar de <u>participación y cultura en el entorno donde esté ubicado</u>; desarrollar las funciones de <u>tutoría y de orientación de los estudiantes de manera colaborativa y coordinada</u>; participar en la <u>evaluación, investigación y la innovación de los procesos de enseñanza y aprendizaje</u>.

9. Conocer <u>la normativa y organización institucional del sistema educativo y modelos de mejora de la calidad</u> con aplicación a los centros de enseñanza.

10. Conocer <u>y analizar las características históricas de la profesión docente</u>, su situación actual, perspectivas e interrelación con la realidad social de cada época.

11. <u>Informar y asesorar a las familias acerca del proceso de enseñanza y aprendizaje</u> y sobre la orientación personal, académica y profesional de sus hijos.

Si, como se pretende para el futuro inmediato del sistema educativo consolidando así el espacio europeo de educación, deberán evaluar y certificar el nivel alcanzado por cada alumno en cada una de estas competencias una de las variables más controlables, que es la formación inicial, ayudaría en la transformación que necesita el sistema. Si esto se diera también en el Máster, ¿qué director no desearía contar en su claustro con profesores con estas "viejas" competencias realmente adquiridas y acreditadas?

De todas ellas, la obra que ahora presentamos incide al menos en las seis primeras, ya que el diseño curricular, plasmado en situaciones de aprendizaje, es un acto de creación en el que confluyen el conocimiento profundo del contenido del currículo — saberes básicos y otros— así como las didácticas específicas de cada especialidad (C1). Por otra parte, trataremos tanto el diseño colectivo del currículo — el difícil paso de la adaptación del currículo oficial al del centro a través de los departamentos y equipos docentes — como la articulación de la programación a través de dichas situaciones de aprendizaje (C2). La adopción del paradigma competencial, centrado en el aprendizaje, exigirá la transformación de la información en conocimiento al poner el acento en los aprendizajes y no en el contenido (C3). Decidiremos, además, qué metodología es la más oportuna en cada caso y lo justificaremos para el desarrollo de todos y cada uno de los alumnos. En esto los principios del diseño universal del aprendizaje (DUA) serán de gran ayuda (C4). La competencia número 5, podemos considerar que anticipa en 2007 las propuestas de la UE con la revisión de las competencias clave de 2018 y los ODS de Naciones Unidas, recogidos como norma en la LOMLOE. Por lo tanto, estarán presentes también en las situaciones de aprendizaje. Por otra parte, esta misma competencia señala como primer elemento el *diseño de espacios de aprendizaje* que están implícitos en la construcción de las situaciones, si es que estas, como debe ser, se preocupan de la generación de experiencias de aprendizaje bien contextualizadas. La propuesta de formación y generación del pensamiento está dentro de la macro-competencia de aprender a aprender Gargallo y López (2021). Y, como no se puede enseñar a pensar sin actividad de pensamiento o sin objeto sobre el cual pensar, tal como se presenta en Jiménez, Angelini y Tasso (2020), la elección de la metodología — en las actividades formativas que el alumnado ha de realizar para aprender— potencian o limitan el desarrollo del pensamiento en sus diversas vertientes. La elección de las metodologías por lo tanto debe realizarse desde esta perspectiva. Que una asignatura, cualquiera, potencie o limite el pensamiento crítico, por ejemplo, de un alumno depende de cómo se trabaje en ella y no de la asignatura en sí misma.

B. AL CAMBIO EN LA CONCEPCIÓN DEL DISEÑO CURRICULAR EN GENERAL —Y DE LAS SITUACIONES DE APRENDIZAJE DE FORMA PARTICULAR— DE FORMA SISTÉMICA Y DESDE EL PARADIGMA DE LA ENSEÑANZA CENTRADA EN EL APRENDIZAJE

El cambio del paradigma, que está por llegar a la práctica de nuestro sistema educativo, ya se formuló en los noventa del siglo pasado. Dos figuras de referencia son Robert Barr y Jhon Tagg que publicaron en 1995 el artículo titulado "From Teaching to Learning" donde realizaban, entre otras consideraciones, un análisis comparativo de los elementos que caracterizan a la educación centrada en la enseñanza y aquella que se centra en el aprendizaje. De las diversas categorías de análisis que estos autores presentan en dicho artículo vamos a seleccionar, traducir y adaptar a nuestro contexto las que mejor nos ayuden a fundamentar las decisiones que plasmaremos en las situaciones de aprendizaje tal como las concebimos en esta obra. Es también la respuesta a por qué la definición de los aprendizajes pretendidos, que en nuestro ordenamiento se encuentran formulados en los criterios de evaluación, son nuestro punto de partida a la hora de diseñar el curriculum de aula y la razón por la que las situaciones de aprendizaje no son arbitrarias sino necesarias y coherentes con este paradigma.

Paradigma centrado en la enseñanza	Paradigma centrado en el aprendizaje
La finalidad de la educación	
Instruir	Generar aprendizaje
Enseñar es transferir conocimientos del profesorado al alumnado. Por eso la clase magistral es la metodología dominante.	Fomentar por medio de la actividad del estudiante el descubrimiento y la construcción del conocimiento. Se imponen las metodologías activas.
Impartir cursos y transmitir temarios	Crear entornos que potencien el aprendizaje
La meta es mejorar la calidad de la enseñanza	La meta es mejorar la calidad del aprendizaje
Se pretende la inclusión del alumnado diverso	Se procura el éxito de todos los estudiantes por diversos que sean
Planificación y estructura de la enseñanza y del aprendizaje	
Visión atomizada: las partes primero y el todo se integrará después (si se puede)	Visión holística: el todo antecede a las partes para que estas cobren sentido.
El tiempo disponible es invariable y el aprendizaje debe ajustarse a él	El aprendizaje es lo esencial y el tiempo es variable y está en función de dicho aprendizaje
Sesiones de clase de la misma duración con temas de similares dimensiones	Creación de entornos de aprendizaje donde se viven experiencias que pueden diferir mucho en el tiempo que precisan

Todas las clases se inician y terminan al mismo tiempo	Unido al rasgo anterior, los entornos de aprendizaje se agotan cuando el estudiante aprende
Un profesor con un grupo en un aula	Es valiosa cualquier experiencia que sirva para aprender lo que abre los espacios y los agentes de aprendizaje posibles
La asignatura manda y los departamentos son independientes	La realidad no está dividida por asignaturas por lo que la colaboración entre estas y los departamentos es habitual y necesaria
El listado de contenidos (el temario) manda	El referente esencial son los resultados específicamente definidos del aprendizaje
El peso de la evaluación final es lo importante y se produce una vez finalizada la instrucción.	Se emplean y complementan la evaluación inicial, la evaluación formativa y la final o sumativa.
La calificación, lo que se va a valorar y en qué medida, depende del profesor que imparte la asignatura y es él quien evalúa.	La evaluación del aprendizaje, al estar definido previamente, puede ser externa.
La evaluación no es transparente desde el principio. Es un asunto privado.	La evaluación es pública y transparente. El alumno sabe de qué aprendizajes se le va a evaluar, mediante que pruebas y cuáles son los criterios que se emplearán en la calificación de los aprendizajes
Superar una asignatura (u otra unidad curricular) supone "acumular méritos" por las tareas realizadas o las notas conseguidas, en muchas ocasiones habiendo perdido la referencia de los verdaderos resultados de aprendizaje pretendidos	Superar una asignatura (u otra unidad curricular) supone la verificación de los aprendizajes adquiridos comparándolos con los previamente definidos (resultados de aprendizaje pretendidos) para ello se emplearán pruebas capaces de evidenciarlos sin perder nunca la referencia de dichos aprendizajes.
Los roles de los protagonistas del binomio enseñanza/aprendizaje	

Como lo que importa es el contenido a transmitir el profesor es un "conferenciante" que cuenta/explica el temario. Al centro educativo se va a saber qué hay que aprender y luego se estudia	El profesorado tiene como misión esencial la de diseñar entornos, ámbitos, experiencias que propicien el aprendizaje. Al centro educativo se va a aprender.
Los profesores y los estudiantes no interactúan. Cada uno tiene su papel y pueden funcionar de forma aislada.	Los profesores, los estudiantes e incluso otros agentes educativos trabajan en equipo y tienen a los resultados del aprendizaje del alumno como meta.
Los profesores clasifican y seleccionan a los estudiantes.	Los profesores trabajan en equipo y desarrollan las competencias y el talento (-s) de cada estudiante lo máximo posible
Lo importante de un profesor es que sepa de su materia. Cualquiera puede enseñar si su formación de base es la adecuada al contenido	Partiendo de la base de que nadie puede enseñar lo que no sabe, lo importante de un docente es que sepa retar al intelecto del alumnado generando situaciones complejas y motivadoras.

En las situaciones de aprendizaje que proponemos estarán presentes estos principios de forma que cada elemento curricular pueda verse reflejado en alguno de los rasgos de la columna de la derecha que describen el paradigma de la enseñanza centrada en el aprendizaje.

En el paradigma centrado en el aprendizaje, según Barr y Tagg, se parte de la identificación de los conocimientos y habilidades -hoy diríamos resultados de aprendizaje- que el alumnado debe adquirir. Los encontraremos como punto de partida en el currículo oficial. A partir de ahí, la clave estará en determinar cuál será la evaluación válida y adecuada a la descripción de aprendizajes pretendidos realizada a través de los criterios de evaluación, poniendo especial interés en los verbos utilizados que van a determinar las acciones y el nivel de las mismas — recordemos las taxonomías — con sus criterios e instrumentos de calificación. El resto de los elementos curriculares: saberes básicos y otros saberes, metodologías, agrupamientos, materiales, tiempos, ... se deducirán prácticamente de estas premisas. Del bagaje pedagógico del diseñador dependerá el abanico de posibilidades válidas que se pueden poner en juego con garantías de éxito. El marco, el hilo conductor y la finalidad operativa de todas estas propuestas, que son sistémicas y por lo tanto interdependientes, será la situación de aprendizaje.

C. MOSTRAR CÓMO APLICAR DE FORMA CONSISTENTE LOS PRINCIPIOS TEÓRICOS DEL ALINEAMIENTO CONSTRUCTIVO DE BIGGS

En línea con lo expuesto en el apartado anterior donde se aboga por un planteamiento holístico que tiene como punto de partida y llegada el aprendizaje, las aportaciones del profesor John Biggs (2005) profundizan en cómo llevar a cabo las propuestas de la enseñanza centrada en el aprendizaje que proponen Barr y Tagg. Y desarrolla una teoría ampliamente aceptada denominada *alineamiento constructivo*. De la que únicamente presentaremos algunos rasgos. Biggs determina que para el aprendizaje existen cinco componentes críticos que son:

1) Los contenidos que de la enseñanza

2) Los métodos de enseñanza que se utilizan

3) Los procedimientos de evaluación que se emplean, así como los métodos que se usan para comunicar los resultados

4) El clima que se crea en las interacciones con los estudiantes

5) El clima institucional, las reglas y procedimientos que se han de seguir y cumplir

El control que el profesor tiene sobre estos elementos clave es diverso. Quizá el último, relativo al clima institucional sea sobre el que menos control puede ejercer (Gargallo, 2017). Por eso, el establecimiento de un currículo de centro basado en decisiones pedagógicas y organizativas bien justificadas y coherentes con lo que se pretende es esencial. La propia normativa lo establece como elemento previo al inicio del trabajo de programación. Un elemento del que no habíamos hablado hasta ahora es el que aparece en cuarto lugar: *el clima que se crea en las interacciones de los estudiantes.*

Todos los docentes somos conscientes de la importancia que para el aprendizaje tiene este clima y la relación interpersonal. En el fondo la educación es una suerte de interacción de persona a persona por el medio que sea. El empleo de metodologías activas, donde el alumno realiza el trabajo de aprendizaje y construye el conocimiento, genera muchas más ocasiones de interacción. De ahí que la aportación desde el constructivismo que realiza Biggs, con la apuesta por la actividad del estudiante sea muy adecuada.

La solución de un problema, la elaboración de un producto en unas determinadas circunstancias, que el profesor previamente ha organizado para que sea vivida como experiencia —propia de las situaciones de aprendizaje— va a proporcionar las ocasiones oportunas. Estas son mucho más difíciles en una enseñanza donde el profesor es un emisor casi único y que tiene por receptor a un colectivo, el grupo clase, que es diverso, con un solo emisor y un mensaje unívoco, sin poder definir ajuste alguno para adecuarse a esta diversidad. Una pregunta frecuente que se hacen los profesores conscientes de este problema cuando explican es: *"¿para quién explico hoy?"* Sin denostar en absoluto la clase magistral, que es en muchos casos necesaria, debemos apostar por el protagonismo de la construcción del aprendizaje. En la clase magistral también esta construcción es posible, pero depende de la atención, la posibilidad de conexión del conocimiento previo del alumno con los que el profesor transmite y del trabajo invisible de un alumno que quizá, dado que se le suele pedir en la evaluación pura reproducción, decida estudiar más tarde, eso que "el profesor está contando" a lo que seguramente tendrá acceso en distintos formatos.

En el alineamiento constructivo de Biggs la clave está en el establecimiento del currículo en objetivos claros, que desde la perspectiva centrada en el aprendizaje se tornan en la definición precisa de resultados de aprendizaje descritos en los criterios de evaluación. Estos señalan, gracias a los verbos empleados, el nivel de comprensión o ejecución requerido. No es un temario que haya que conocer y reproducir. La formulación de criterios de evaluación que se plantea en la LOMLOE con el modelo de verbo de acción + sobre qué actúa el verbo + en qué circunstancia/con qué finalidad, —que es también la forma en que encontramos los criterios de evaluación del currículo oficial en Secundaria y Bachillerato y en formación profesional gracias a la estructura de criterios y resultados— nos permite a un tiempo complejidad y concreción siendo esa formulación, concreta y precisa, la que ha de regir el resto de los elementos en función de la probabilidad de éxito que estimemos para llegar a los aprendizajes establecidos, tal y como se fijaron.

Para poder auxiliarnos en la determinación de la profundidad de los aprendizajes y su progresión, que debe quedar patente en la formulación de los criterios, están las taxonomías. En muchas ocasiones el criterio de evaluación del currículo es finalista —está establecido para el momento último de la asignatura dure esta un curso o más— y no es frecuente que su adquisición se alcance de una sola vez, ni sin proponer un itinerario adecuado. Más arriba se hablaba del profesor como "tomador de decisiones", decidir la ruta de aprendizaje mediante la definición específica y progresiva de los mismos es una competencia profesional esencial. La más empleada de estas taxonomías es la de Bloom, que data de la década de los 50 del siglo pasado, y que ha tenido algunas actualizaciones. También Biggs ha propuesto su propia taxonomía denominada SOLO por sus siglas en inglés (Structure of the Observed Learning Outcomes).

Una situación de aprendizaje, al igual que una unidad de programación de cualquier nivel de concreción, nunca debe "relacionarse" con un criterio de evaluación. La "definición" clara de los aprendizajes pretendidos, que corresponde a dichos criterios de evaluación, es la base del alineamiento según Biggs. Si este referente se desdibuja con un vínculo débil —como el que se establece con la muy extendida expresión "está relacionado con"— perdemos la posibilidad de alinear el resto de los elementos y ponerlos al servicio del aprendizaje. Cuando esto sucede, que desafortunadamente es muy frecuente y hay que estar muy vigilantes para que no ocurra, la evaluación se desdibuja y se vuelve arbitraria. Se otorga valor a la prueba o al trabajo realizado o se cambian puntos por comportamientos, y no se puede contrastar el aprendizaje pretendido con el realmente adquirido (porque ya no se sabe exactamente qué se pretendía verificar). En el lugar del aprendizaje vuelve por sus fueros el contenido, claro, "objetivo", fácil de evaluar. Y, sin querer, nos deslizamos de paradigma y aparece el protagonismo del profesor, el temario como fin y la evaluación de lo transmitido como modelo, que tiene un buen acomodo en el tradicional examen, donde la verificación de los resultados de aprendizaje que, recordemos, vienen determinados por un verbo de acción, sobre qué actúa ese verbo —los contenidos o saberes— y en qué circunstancia, son muy difíciles de valorar, cuando no imposibles. De hecho, el análisis del qué y cómo evalúa un centro educativo es un indicador clarísimo de cuál es en realidad la impronta educativa y pedagógica del mismo. Seguro que hay mucho más, pero se desarrolla en el currículo oculto.

REFERENCIAS BIBLIOGRÁFICAS

Barr, RB y Tagg, J. (1995). *De la enseñanza al aprendizaje: un nuevo paradigma para la educación de pregrado*. Change: The magazine of higher learning, 27 (6), 12-26.

Biggs, J. (2005). *Calidad del aprendizaje universitario*. Madrid: Narcea.

Contreras, O. R., González—Martí, I., y Gil, P. (2019). *La dificultad de la implementación de una enseñanza por competencias en España*. Archivos Analíticos de Políticas Educativas, 27(121)

Cordero, G. y Carnicero, P. (2021) *¿Quién forma a los futuros docentes? Un estudio conjunto en cuatro países*. Barcelona. Octaedro

Gargallo y Pérez-Pérez (2021) (Coord.) *Aprender a aprender competencia clave en la sociedad del conocimiento. Su aprendizaje y enseñanza en la universidad*. Valencia: Tirant.

Gargallo, B. (2017) *Enseñanza centrada en el aprendizaje y diseño por competencias en la universidad. Fundamentación, procedimientos y evidencias de aplicación e investigación*. Valencia. Tirant Humanidades

Hattie, J., y Zierer, K. (2017). *Mindframes for visible learning: Teaching for success*. London. Routledge.

Jiménez-Rodríguez, M.A., Angelini, M.L. y Tasso, Ch. (Edit.) (2020) *Orientaciones metodológicas para el desarrollo del pensamiento crítico*. Barcelona: Octaedro

Ley Orgánica 3/2020, de 29 de diciembre, por la que se modifica la Ley Orgánica 2/2006, de 3 de mayo, de Educación.

Marcelo García, C. (2009). *Pensamientos pedagógicos y toma de decisiones de los profesores en la planificación de la enseñanza*. Enseñanza & Teaching: Revista Interuniversitaria de Didáctica. Recuperado a partir de https://revistas.usal.es/tres/index.php/0212—5374/article/view/3289.

Murillo, F. J. y Martínez-Garrido, C. (2020). *¿Para qué sirven las revistas de investigación educativa?* Aula Magna 2.0. [Blog]. Recuperado de: https://cuedespyd.hypotheses.org/8298.

Orden ECI/3858/2007, de 27 de diciembre, por la que se establecen los requisitos para la verificación de los títulos universitarios oficiales que habiliten para el ejercicio de las profesiones de Profesor de Educación Secundaria Obligatoria y Bachillerato, Formación Profesional y Enseñanzas de Idiomas

Urkidi, P., Losada, D., López, V., y Yuste, R. (2020). *El acceso a la formación inicial del profesorado y la mejora de la calidad docente*. Revista Complutense De Educación, 31(3), 353-364. https://doi.org/10.5209/rced.63476

Capítulo 2.
Arquitectura curricular de la LOMLOE. Del currículo oficial al de aula

El currículo oficial es una parte esencial del sistema educativo de un país. Evidentemente no es la única y necesita de otros factores que lo hagan posible. Mmantsetsa Marope, exdirectora de la Oficina Internacional de Educación de la Unesco, puso de manifiesto su importancia señalando algunos elementos clave que merece la pena reproducir:

El currículo preside la enseñanza, el aprendizaje y la evaluación. Determina:

- El entorno físico de enseñanza y aprendizaje (infraestructuras, libros y materiales de aprendizaje, consumibles, mobiliario, equipos, etc.)

- El personal educativo, especialmente el profesorado.

- El currículo de los estudiantes determina los currículos para la formación inicial del profesorado y para el desarrollo profesional continuo.

- La coherencia en los elementos clave de los sistemas es fundamental para la eficacia del sistema y la eficiencia de los recursos. (Marope, 2017, p. 31.)

Si en el primer capítulo señalábamos el problema de disociación entre la investigación y la práctica educativa, en esta ocasión no tenemos más remedio que señalar la falta de conexión entre el currículo oficial y el currículo efectivamente desarrollado en las aulas. Desde la LOE de 2006 llevamos procurando, teóricamente, llevar a cabo un currículo por competencias. En este momento seguimos pretendiéndolo y estamos lejos de que sea una realidad. Para explicar esta falta de coherencia entre ambos currículos podemos volver sobre el texto de Marope.

En primer lugar, y centrándonos en la etapa de secundaria, bachillerato y formación profesional, no es el currículo oficial—que pretende competencias— el que preside el binomio de enseñanza-aprendizaje y que sigue estando centrado en contenidos. Una de las claves fundamentales para el cambio la da la propia Marope cuando termina la frase con el tema de la evaluación. Es la evaluación la que guía los procesos tanto de lo que los profesores enseñan como los de las estrategias que los alumnos despliegan. Fijémonos en lo que sucede en las Pruebas de Acceso a la Universidad. Se trata de una evaluación que determina el proceso de enseñanza y aprendizaje reales. Como esto es así, nuestra propuesta de diseño comienza, una vez definido el contexto, en identificar con precisión la evaluación tal como se ha propuesto en trabajos anteriores (Jiménez-Rodríguez 2011, 2019a,2019b).

Si el currículo real no ha dado el paso a ser competencial tampoco ha hecho falta cambiar los recursos materiales — el entorno físico de la enseñanza— y podríamos añadir los organizativos o funcionales— como la función de la inspección, la gestión pedagógica, no administrativa, de los centros y, fundamentalmente la organización de la enseñanza medida en horas/semana por asignatura y un calendario fijo, con un espacio para los alumnos y no para el aprendizaje, y un profesor por grupo, que son la base material-funcional del paradigma anterior — y, si hubieran cambiado, sin modificar el paradigma y el resto de factores, posiblemente hubieran sido inútiles pues los que tenemos se adecuan bien al modelo real que los generó y "determinó".

El siguiente elemento es el personal. Podemos agrupar tanto el profesorado en ejercicio como el que está en formación. Tenemos un gravísimo problema con la formación inicial y también con la formación permanente. Posiblemente la clave —más allá de que los planes de estudio de las universidades pueda o no estar desactualizados pues la Orden que los regula data de 2007 y se espera una nueva en 2025-— la encontramos en la pregunta recogida en la obra que lleva por título "¿Quién forma a los futuros docentes?" que coordinaron en 2021 Graciela Cordero y Paulino Carnicero y que aglutina a numerosos investigadores del

Observatorio Internacional de la Profesión Docente liderado por Imbernón en la Universidad de Barcelona. El perfil de estos formadores suele estar marcado por los estudios iniciales. Los formadores de educadores en las universidades mantienen fidelidad a este ámbito de conocimiento en el que normalmente investigan y publican. Están en Educación, pero son y se sienten del ámbito de conocimiento del que proceden que es del que tiene formación, donde se sienten seguros y que, desde una visión disciplinar, más pueden aportar. Paradójicamente, están formado educadores profesores doctores en múltiples disciplinas sin un crédito formal de formación en Ciencias de la Educación y sin experiencia alguna de docencia en Enseñanzas Medias. A nivel institucional, el claustro de Máster de Secundaria se complementa con profesores asociados que ejercen en las enseñanzas medias, donde la experiencia y el autodidactismo son lo habitual, estos tienen a su favor su propia experiencia, pero siguen sin formación específica sobre Educación. Cuando estos formadores de formadores enseñan lo hacen de lo que saben, como no puede ser de otra manera.

Por último, Marope establece la coherencia entre los elementos clave para la eficacia del sistema y la eficiencia de los recursos. Con lo dicho hasta ahora podemos ver como esta coherencia interna, este alineamiento, es muy complicado. Tiene los pies en dos paradigmas diferentes. Pero el real se parece mucho más al centrado en la enseñanza que aquel que está centrado en el aprendizaje, como pretende el legal-oficial. Como, además, el resto de los elementos que señala Marope no han acompañado su implantación y el pacto educativo en nuestro país no interesa políticamente, hemos tenido, y desafortunadamente tendremos, cambios continuos de leyes fallidas o, como mucho, un sistema educativo burocratizado y asfixiante donde lo oficial y lo real solo se encuentran en dicha burocracia.

El currículo que se presenta desde la LOE de 2006 hasta la LOMLOE de 2021 pretende ser competencial. Coll y Martin, (2022) establecen cuatro principios para que los aprendizajes lo sean. En primer lugar, que los conocimientos se pongan en acción, que se apliquen. Para ello lógicamente hay que adquirirlos y es en la memoria donde residen. Es falso que con el aprendizaje competencial los alumnos tienen que aprender menos. Sin embargo, sí hay que aprender mejor, porque los conocimientos hay que activarlos y utilizarlos de forma integrada y articulada para responder a situaciones específicas. En segundo lugar, se han de integrar distintos tipos de conocimiento. Las competencias son sinónimo de combinación y de complejidad, por ello la inclusión de distintos tipos de saberes es pertinente y necesaria. Además, en tercer lugar, los contextos son importantes porque las competencias son respuestas a problemas que se plantean en ellos. Tanto el aprendizaje como la evaluación debe estar contextualizada. Y, por último, incidiendo nuevamente en la evaluación, es en la acción, en la ejecución del conocimiento donde se puede realmente establecer el grado de consecución de los aprendizajes.

Estos cuatro elementos se dan en las situaciones de aprendizaje y no necesariamente en las unidades didácticas lo que explica la necesidad de articular el currículo a través de las primeras.

La LOMLOE presenta algunos conceptos clave que más allá de domesticarlos identificándolos sin más con lo ya conocido cambiando solo el nombre, merece la pena entender. Son las ideas las que tienen la capacidad de cambiar la práctica y sin nuevos conceptos, nuevos significados, no hay posibilidad de pensar diferente y, en esto, el currículum actual ha hecho un esfuerzo que puede dar sus frutos. Por otra parte, para que el currículo oficial no se convierta en monolítico y cerrado, perdiendo así la posibilidad de ejercer la libertad de enseñanza de instituciones y centros y hacer realidad la adaptación a los contextos —que se ha demostrado como uno de los factores más eficaces para el aprendizaje— presentaremos a un tiempo la "arquitectura" de los elementos clave del currículo de LOMLOE y cuál puede ser el trabajo que, desde nuestra propuesta, se ha de hacer para tener un currículo institucional y de centro, coherente y bien alineado. Este último elemento, la alineación curricular, es clave en los avances que esta Ley propone en lo pedagógico. La articulación coherente desde las asignaturas a las competencias se "garantiza" y se explicita vinculando los criterios de evaluación a las competencias clave mediante las competencias específicas. Veremos cómo.

EL PERFIL DE SALIDA, LOS DESCRIPTORES Y EL MODELO INSTITUCIONAL DE LOS CENTROS

Un elemento relativamente nuevo es el establecimiento de los perfiles de salida para cada etapa — Educación Primaria, Secundaria y Bachillerato y en algunas CCAA han determinado también el perfil de E. Infantil— a través de la concreción de las competencias clave por medio de descriptores. De este modo, más allá del nombre que puede sugerir unos u otros aprendizajes necesarios, se establecen un conjunto de mínimos que pueden orientar la acción y facilitan compartir significados. Dichos perfiles emplean los mismos descriptores, que son desempeños o acciones que el alumno debiera poder realizar al finalizar la etapa correspondiente, a lo largo de todo el itinerario formativo. Que los descriptores sean desempeños es muy importante porque facilita un horizonte claro y también la evaluación. En Formación Profesional, mucho más diversa en su propósito formativo, se establecen también dichos perfiles que se despliegan luego en competencias y resultados de aprendizaje. Además, las Competencias Clave, que en un principio se circunscribieron para la educación obligatoria, se fueron integrando en otras etapas y momentos educativos completándose con "Competencias Clave para un Aprendizaje a lo Largo de la Vida" que la Unión Europea incorporó en 2010 al resto de aprendizajes, incluida la Formación Profesional.

El perfil de salida está al servicio del objetivo principal del Sistema Educativo que es: "Lograr que todas y todos los jóvenes alcancen su máximo desarrollo integral, en un contexto de igualdad de oportunidades, adquiriendo las competencias que les permitirán desenvolverse con garantías en la sociedad global de las próximas décadas". (Preámbulo de la LOMLOE).

La elaboración de este perfil secuenciado tiene diversas fuentes: el proyecto DeSeCo de la OCDE de 2002, la revisión de las competencias clave realizada en 2018 en el seno de la UE e incorpora aspectos de otros acuerdos y documentos internacionales como son los ODS de la ONU o *Key Drivers of Curricula Change in the 21st Century* de la Oficina Internacional para la Educación de la UNESCO.

A partir de la revisión del 2018 las ocho competencias clave incorporan en su definición tres elementos nuevos. En la definición anterior se decía que *son aquellas que todas las personas precisan para su realización y desarrollo personales, la integración social, la empleabilidad y la ciudadanía activa.* A las que se han añadido tres finalidades más, acordes con los tiempos y son: *Un estilo de vida sostenible, éxito en la vida en sociedades pacíficas y un modo de vida saludable.*

Las Competencias Clave se concretan a través de los descriptores operativos que son, como decíamos al inicio, desempeños propios de cada una de dichas competencias. En ellos se incorporan los conocimientos, las destrezas y las actitudes que el alumnado debería adquirir y desarrollar al término de la Enseñanza Básica. Para establecerlos se han elaborado contextualizando para España los marcos europeos y sirven para operativizar las competencias desde un punto de vista curricular.

Pero si los centros, de cualquier tipo, quieren que su propuesta de formación no quede desarticulada, la adaptación debe empezar en este punto. El perfil de salida de la Ley es común y de mínimos, por lo que se ha de asumir por parte de las comunidades educativas. A partir de ahí, habrá que incorporar las propuestas de su propio proyecto educativo.

Esta incorporación no se debe hacer por yuxtaposición. Salvo que la propuesta de formación humana que todo centro debe ofrecer quede relegada a lo extracurricular y al currículo oculto, un centro no debería tener la bicefalia de la instrucción "escolar" y, por otra parte, debe darse la formación "personal" que es objeto de tutorías, campañas, y "actividades diversas". Cuando pensamos así, que es muy común, en el fondo seguimos pensando que en clase se aprenden cosas que derivan de las diversas ciencias. Lo de la educación integral—que teóricamente es el centro y fin del currículo oficial— es algo que se procura y desea, pero que no se integra en la dinámica del currículo explícito-real por mucho que el currículo prescriptivo lleve dos décadas proponiéndolo como obligatorio en leyes orgánicas.

La reflexión conjunta y el trabajo realizado con algunas instituciones educativas nos ha llevado a plantear con éxito la integración de la propuesta curricular legal con la propia. ¿Cómo hacerlo? Pues teniendo el perfil de salida oficial como punto de partida ya que este es preceptivo. A partir de él contrastamos las propuestas educativas que derivan del "carácter propio". En este proceso de comparación encontramos elementos que son propios de la legislación, otros, muchos, que son comunes a la propuesta oficial y a la propia, y en tercer lugar propuestas educativas que solo encontramos en las instituciones. El currículo del centro, si quiere ser fiel a la sociedad y su propia propuesta que es pública y vinculante, debe integrar en estos últimos al perfil de salida y convertir sus fines educativos en currículo de aula, propio y legítimo de cada una de las asignaturas.

Los elementos propios se integran entonces en los distintos niveles de los perfiles de salida. Esto se hace bien añadiendo—nunca reduciendo— algunas características a los descriptores que figuran en la Ley o bien introduciendo en el listado de descriptores alguno nuevo que pueda concretar las finalidades educativas que superan lo planteado en el currículo oficial.

De las tres categorías descritas más arriba — lo que sólo encontramos en la legislación, lo que es común y lo que es propiamente institucional— sólo la tercera, exclusiva de los centros, no está categorizada por etapas educativas. Por lo tanto, procederemos a completar el perfil de salida por la etapa de mayor recorrido curricular — por ejemplo, el bachillerato si se trata de un instituto o de un centro integrado— elaborando un itinerario progresivo —regresivo en este caso —de estos mismos descriptores en las etapas precedentes con el modelo de los oficiales. De este modo tendremos un perfil de salida propio y absolutamente necesario para poder después contextualizar el resto de los elementos curriculares, sin que falte la finalidad, en todos los aprendizajes y podamos, en los centros, no solo enunciar cuáles son nuestros grandes objetivos educativos, sino también desarrollarlos en las aulas y evaluarlos. Esto podemos hacerlo ahora mejor que en el pasado gracias al alineamiento curricular del que ha dotado la LOMLOE al sistema y que seguiremos explicitando a continuación por medio de sus elementos clave.

LAS COMPETENCIAS ESPECÍFICAS

La LOMLOE "no se ha atrevido", como suele decir Javier Valle (2021), uno de los artífices de esta Ley, a proponer un currículo directamente competencial. Si se pretende que el alumnado adquiera competencias parece que el camino correcto hubiera sido establecer una serie de experiencias de aprendizaje que las procuraran de forma inmediata. Pero no ha sido así, pues el currículum escolar sigue centrado en un desarrollo de conocimientos científico-culturales donde el objeto de la enseñanza puede ser prioritario sobre el sujeto que aprende que es el ámbito de las competencias.

Las competencias no se pueden dar si no existen las personas que las adquieren dado que en fondo son "atributos" que configuran a los individuos y que pueden ser aprendidas, es decir forman y conforman la imagen o "el perfil" que alguien puede tener y ser.

A mitad de camino entre las asignaturas tradicionales y las competencias aparecen las "competencias específicas". De forma ordinaria pensamos que la meta se obtiene por medio de pasos más concretos y simples que nos van llevando a ella, que lo general se alimenta de lo específico.

En este nuevo concepto de las *competencias específicas* vemos claramente la "disfunción" de pretender competencias clave y articular el currículo por asignaturas.

De forma intuitiva las competencias específicas pensamos que podrían ser las competencias clave, concretadas en otras más simples o, como su propio nombre indica, estas especificarían aquellas. Pero no es así. Como el currículum sigue siendo por materias o asignaturas las competencias específicas se proponen como los objetivos de aprendizaje, eso sí competenciales, de cada una de las asignaturas.

Es cierto que haber pasado de un currículo real por asignaturas a uno "legal" por competencias habría tenido consecuencias poco controlables. Por una parte, esta opción es positiva: haber pasado de asignaturas a competencias hubiera introducido tal caos en el sistema que lo hubiera tensionado excesivamente. No hay ejemplos vivos suficientes en nuestro contexto a los que poder imitar, ni existe la formación capaz de asumir este gran cambio. Por otra, es negativa: pues seguir con el esquema de asignaturas, sobre todo como es nuestro caso, en la enseñanza media y formación profesional, remite al contenido disciplinar de siempre en primera instancia y vuelve a poner el foco en los conocimientos propios de cada ámbito científico. En él el profesorado se siente más seguro y cómodo y va a hacer muy difícil completar el objetivo general de formación integral que enunciábamos antes, objetivo que, por otra parte, no es en absoluto nuevo y que existe, pero que sigue quedando en el terreno del currículo oculto. Está claro que los criterios de evaluación, donde deberíamos mirar a la hora de saber qué enseñar y evaluar, son competenciales. Pero llevan siéndolo desde el 2006 y no ha sucedido nada relevante. La distancia entre los criterios legales y los reales es excesiva como ya hemos analizado más arriba.

Si las competencias específicas no son "especificaciones" de las básicas, ¿cuál es su relación con ellas?, ¿cómo seguir articulando el currículo? Pues aquí el legislador nos ha pedido realizar cierto acto de fe y nos viene a decir que las competencias clave *están relacionadas con las específicas a través de los descriptores de las distintas competencias*. En definitiva, que no nos preocupemos, que la coherencia está garantizada y que ellos se han encargado de que haya alineamiento y coherencia interna. Para ello encontramos en el BOE y en los diferentes boletines autonómicos una descripción de dichas competencias específicas, su vinculación con otras competencias y con el perfil de salida del alumnado.

La claridad que se logra en la operativización de las competencias clave a través de la definición de los perfiles de salida por etapas y los descriptores, que al ser desempeños permiten evaluación, se pierde aquí donde el concepto de "relación" es real, pero difuso. ¿Hay relación directa, con evidencias de aprendizaje del alumnado, entre lo que se desarrolla en un momento determinado en una asignatura y un descriptor de una competencia clave? ¿Cuál? ¿Por qué? No se define ni se establece el criterio para hacerlo en caso de que alguien que no pertenezca al grupo legislador quiera analizarlo o establecer relaciones nuevas. Hay una relación de sentido, pero no existe un vínculo funcional, efectivo, basado en evidencia que permita a los profesionales y a los claustros conectar el aula con los perfiles de salida de manera clara. Si se pretende un perfil es imprescindible que se sepa qué se va a hacer, cuándo y cómo se va a enseñar y evaluar lo que pueda garantizar que cada uno de los descriptores se consiga.

Además, esta "relación" real e indefinida, que no tiene criterio de adscripción explícito, deja fuera el currículo del centro y se preocupa solo del currículo oficial. Recordamos que tal como hemos planteado en el punto anterior, los perfiles de salida pueden y deben revisarse para dar cabida a las propuestas que emanan de las iniciativas formativas de los centros o instituciones educativas, por lo tanto, en las competencias específicas también es necesaria una adaptación.

Parece evidente que, si la forma de concretar y hacer posibles los perfiles de salida es mediante la consecución de las competencias específicas de las asignaturas, habrá que añadir a estas, como planteábamos en el paso anterior, nuevas competencias específicas o aspectos nuevos en las competencias específicas "oficiales y comunes" que reflejen en el currículo explícito las intenciones educativas particulares que no están presentes en la normativa y que, legítimamente, se proponen a la sociedad y hacen viable el derecho a la enseñanza sin recurrir a currículos paralelos y no integrados en el de aula.

En el siguiente capítulo desarrollaremos una alternativa de análisis de los aprendizajes específicos —indicadores—, integrados en los criterios de evaluación, que serán evaluados. Gracias a ellos se tendrá evidencia de los aprendizajes adquiridos por cada alumno y en qué grado, de manera que se pueda vincular los aprendizajes reales que han sido obtenidos en las aulas y las competencias clave del perfil de salida por medio de la relación sustantiva de dichos aprendizajes con los descriptores.

LOS CRITERIOS DE EVALUACIÓN

Las competencias específicas se concretan en los criterios de evaluación. Estos son para cada una de las materias— como las competencias específicas— y no necesariamente para cada curso. Son el elemento que nos habla de los aprendizajes concretos que los alumnos han de conseguir superar y por lo tanto, en un paradigma de enseñanza centrada en el aprendizaje, son la brújula del trabajo del profesor. La tarea del docente es que los alumnos, como mínimo, muestren al final de cada determinado periodo para el cual los criterios han sido indicados, que han superado lo que se pretendía.

Al igual que los dos elementos curriculares anteriores, la posibilidad de ampliar dichos criterios con elementos que integren matices o nuevos criterios —nunca reducir, pues el currículo oficial es de mínimos— que hagan posible que se puedan llevar a cabo las competencias específicas de "carácter propio" de cada centro será imprescindible.

El camino de diseño curricular debe poder transitarse, por lo tanto, de arriba abajo, desde las competencias clave, el perfil de salida y sus descriptores hasta los criterios de evaluación o de abajo a arriba, desde los criterios hasta las competencias clave. Si algo plantea de original la LOMLOE es que subraya esta coherencia curricular de forma explícita. En realidad, es el reto que podría hacer posible la finalidad de la educación integral mediante el currículo competencial. Y lo expresa así:

Los criterios de evaluación presentan un reto y es que vayan indisolublemente unidos a los descriptores del perfil de salida, a través de las competencias específicas, de tal manera que no se pueda producir una evaluación de la materia independiente de las competencias clave.

La eficacia de los criterios reside en su formulación y en dejar de una vez de lado la imprecisa fórmula de la "relación con". Lo que se desarrolla en el currículo formal, evidentemente, "está relacionado" con los criterios de evaluación, faltaría más. Sin embargo, esta relación es de *identidad*. Los criterios son descripciones de los aprendizajes en términos de resultados. Es decir, son formulaciones de lo que el alumno hace gracias a lo que aprende en un proceso de enseñanza aprendizaje. Por eso en su redacción establecemos el germen del desarrollo curricular del aula y, gracias al principio de alineamiento, nada es arbitrario. Lo que debemos hacer, una vez definidos los criterios es ver cómo los conseguimos en equipo de la forma más eficaz posible según las personas que han de aprender y sus contextos. En esto consiste la profesión docente. En tomar decisiones que ayuden a aprender, llevarlas a cabo y reflexionar sobre ellas volviendo a la práctica para mejorarla.

La formulación de estos criterios de evaluación—que adoptan la forma de resultados de aprendizaje exactamente igual que se lleva proponiendo décadas en las enseñanzas universitarias, al igual que se incorpora el *perfil de salida* a espejo del *perfil de egreso* vigente en el Espacio Europeo de Educación Superior— se debe hacer del siguiente modo:

1. En primer lugar, se emplea un verbo de acción en infinitivo, lo que lo hace evaluable, expresando el proceso que el alumnado debe adquirir y, por lo tanto, podrá mostrar.

2. A continuación, el contenido, los saberes que el alumno ha de adquirir y sobre los que actúa el verbo. Se expresa con sustantivos y es lo que el alumno debe aprender.

3. Por último, el contexto o modo de aplicación y uso del contenido, la finalidad o, en general la circunstancia—situación— en la que se desarrollará la acción del verbo.

Esta formulación de los aprendizajes pretendidos por medio de los criterios descentra el objeto de la enseñanza de los contenidos disciplinares. Los contenidos o saberes, de los que hablaremos a continuación, son los ingredientes de la receta, pero no el plato que se sirve a la mesa. Son los materiales para la construcción de un proyecto, pero no el proyecto.

Por otra parte, esta formulación de los criterios de evaluación determina un cambio sustancial en la evaluación. Si lo que se tiene que aprender viene descrito por un verbo de acción y en un contexto determinado, solo la realización de dicha acción en ese contexto será capaz de poner en evidencia, manifestar, hacer evaluable, lo que el alumnado ha aprendido, es decir, la prueba de evaluación coincide con la misma acción fijada en el criterio.

Si consideramos lo que llevamos dicho hasta ahora, es fácil intuir que es pertinente y necesario que el currículo se desarrolle mediante *situaciones de aprendizaje*. Como veremos después.

Es en este punto donde situaremos la poco habitual tarea de coordinación de los aprendizajes que se recoge en la propuesta pedagógica del departamento.

La realidad es que, en caso de que exista, la coordinación en los departamentos se realiza por medio de la coordinación basada en contenidos— ni siquiera saberes— y es que los departamentos tienen en su base una concepción disciplinar, no competencial.

Sin embargo, la legislación valenciana establece la propuesta pedagógica de los departamentos en los siguientes términos:

1. Cada departamento, coordinado y dirigido por el jefe de departamento, y en el caso de los centros privados el órgano con competencias análogas tiene que elaborar la propuesta pedagógica de departamento:

- *Reflexionar de manera compartida sobre el sentido de sus actuaciones.*
- *La coherencia de las propuestas que ofrecen al alumnado.*

- *La adecuación de la organización y selección de los materiales.*

2. La propuesta pedagógica para cada departamento tiene que concretar los elementos del currículo necesarios para planificar la acción educativa, así como los instrumentos de recogida y registro de información, y la respuesta educativa para la inclusión. La propuesta incluirá, al menos, los siguientes elementos:

- *La concreción de las competencias específicas en el ciclo o curso en cuestión*

- *La selección de los saberes básicos necesarios para adquirir y desarrollar las competencias específicas,*

- *La concreción de los criterios de evaluación de las competencias específicas.*

Estos acuerdos tienen que formar parte de la propuesta pedagógica correspondiente, que se tiene que recoger en la concreción curricular del centro.

3. La concreción curricular, además de la propuesta pedagógica prevista en el punto 2, tiene que incluir:

- *Los modelos de informes de evaluación para la ESO y el Bachillerato.*

- *Los instrumentos de recogida y de registro de la información.*

Centrándonos en el punto 2, cabe señalar que la enumeración de la concreción de competencias específicas, de saberes y de criterios de evaluación podría no estar alineada y, si eso es así, volveremos a que todo está "relacionado", ¡cómo no!, pero es fácil romper la cadena de transmisión que hace del trabajo en el aula un medio para la educación integral con una propuesta pedagógica sistémica.

De estos tres elementos curriculares señalados por la Administración que los departamentos deben concretar —competencias específicas, criterios y saberes— hay uno que debe marcar la pauta a los demás, que es variable independiente, mientras los otros dos lo son dependientes. Se trata de los criterios porque describen los aprendizajes y todo debe estar en función de estos. La formación en una institución educativa es siempre un itinerario vital que debe recorrer quien aprende. Por lo tanto, la gestión curricular de las instituciones educativas por medio de los educadores debiera conformar un itinerario idóneo para el aprendizaje en cada contexto, donde el claustro acompañase, sin cambios de rumbo ni repeticiones de etapas ni saltos... al alumnado.

Si el paradigma de partida está centrado en el aprendizaje, como sostenemos desde el inicio, son los aprendizajes los que se deben plantear como punto de partida. La cuidadosa redacción y selección de los criterios de evaluación es clave.

Los verbos de los criterios marcan orden, y como el aprendizaje necesita tiempo porque se trata de *transformar por dentro y crecer*, también son indicadores de secuencia cronológica. Los verbos empleados para describir las acciones que manifiestan la profundidad y complejidad con la que se aprende están científicamente clasificados. A estas clasificaciones, como en otras ciencias, se las denomina taxonomías. La más empleada y conocida es la de Bloom que data de la década de los cincuenta del siglo pasado y que ha tenido, ya en los dos mil, algunas actualizaciones. De esta vieja pero clarificadora propuesta de organización, se desprenden al menos dos condiciones: que los aprendizajes están jerarquizados y que no se puede llegar a los aprendizajes de carácter superior sin haber pasado previamente por los menos complejos, es una escalera que se sube peldaño a peldaño. Si a esto le sumamos las aportaciones del constructivismo educativo y de la neurociencia tendremos herramientas para seleccionar, mediante la ordenación de los criterios de evaluación, no mediante los contenidos o saberes, qué va primero y qué después. Además, dentro de cada criterio, que se formulan para el final temporal del periodo que cubre la prescripción curricular, el tipo de aprendizaje definido en el verbo del criterio nos ayudará a redactar otros criterios "intermedios" que pueden ser necesarios, a menudo lo son, para llegar a la extensión o profundidad del criterio finalista. Además, a partir de la determinación precisa de los aprendizajes pretendidos, podemos deducir con cierta facilidad qué saberes son necesarios en cada momento y cuál es el vínculo entre los criterios de evaluación, las competencias específicas y las competencias clave.

LOS SABERES BÁSICOS

¿Por qué llamar a los contenidos saberes? Pues porque el lenguaje es esencial para el pensamiento. Cuando los profesores en particular, y el resto de la comunidad educativa en general, escucha el término contenido piensa en lo que las diferentes materias disciplinarias aportan. Son lo que tradicionalmente se considera en la cultura de las enseñanzas medias que se ha de adquirir. Son las "cosas de cada ciencia" que siguen siendo la parte del león de nuestras aulas. Solo hay que hacer un análisis de las pruebas de evaluación que se emplean para ver sobre qué versan y enseguida nos daremos cuenta de qué se está enseñando, de qué estudian nuestros jóvenes y de dónde se extraen las calificaciones de los expedientes académicos.

Pasar de contenidos a saberes es una buena idea. El aprendizaje competencial por naturaleza es una combinación de distintos tipos de conocimientos que las personas empleamos a la hora de la acción en un contexto determinado. El concepto de saberes no excluye en absoluto los contenidos disciplinares, pero los superan con creces porque se pretende que la educación sea integral y eso compromete muchos conocimientos y aprendizajes que van más allá de lo disciplinar. Los saberes pueden tener que ver con conocimientos, pero también con habilidades y destrezas, con valores y actitudes, con la dimensión cognitiva pero también la afectiva, la social e incluso la espiritual, la intrapersonal y la interpersonal, ...

Los que el currículo recoge y califica como básicos son aquellos *que no deben faltar*, no son en absoluto todos los que el alumnado puede aprender o los que el profesorado puede, e incluso debe, enseñar. De hecho, las situaciones de aprendizaje, que abordaremos a continuación, pueden estar exigiendo que el alumno adquiera saberes que no aparecen en el currículo pero que se hacen imprescindibles para el desarrollo de estas o para que sean funcionales y cercanas a la vida, que por cierto, es una de las características que las define.

Para la elaboración de la propuesta curricular de centro que los departamentos deben realizar, una vez hecha la secuencia y determinados para cada curso los criterios/aprendizajes pertinentes, vincular los saberes es una tarea deductiva, no inductiva. Si recurrimos de nuevo al símil de la cocina, una vez decidido el menú, un cocinero experto deduce inmediatamente qué ingredientes necesita. En ocasiones la realización de esta tarea nos enfrenta a dos circunstancias: no encontramos saberes en los bloques del currículo que hagan posible la consecución de lo declarado en los criterios, o bien lo contrario, tenemos saberes que no parecen estar relacionados con criterio alguno. Ante esta situación la norma que ha de guiar nuestra toma de decisiones es la sistematicidad del currículo y tener claro que son los criterios de evaluación los elementos que actúan como variable independiente. Si hay saberes básicos —y por lo tanto irrenunciables— que no encuentran acomodo en los criterios tendremos que modificarlos, siempre ampliándolos, pues los del currículo son de mínimos, para darles cabida. Si es lo contrario, tendremos que incluir los saberes que sean precisos. Los cocineros saben si a una lista de ingredientes le falta un elemento en función del plato que van a preparar. Del mismo modo los profesores sabemos que para que un aprendizaje sea posible son imprescindibles determinados saberes. Si los aprendizajes se identifican con los contenidos, el propio contenido se convierte en el centro y entonces todo es *mucho más fácil de determinar*, pero estaremos generando un sistema educativo distinto del que decimos preferir y que además es preceptivo. Evidentemente un sistema centrado en contenidos difícilmente formará integralmente y, si lo hace, será de manera informal, lo que no nos permitirá ni controlar, ni evidenciar, ni mejorar lo que hacemos porque pasaremos de las evidencias a las impresiones a la hora de tomar decisiones.

LAS SITUACIONES DE APRENDIZAJE

Con la LOMLOE han llegado las situaciones de aprendizaje. Tienen antecedentes claros en el trabajo por proyectos, en las unidades didácticas integradas o en los paisajes de aprendizaje, por citar algunos. Sin embargo, son la forma de articulación del currículo de aula más acorde con los elementos clave como son los criterios de evaluación y su formulación. Si el criterio de evaluación define un contexto, la forma en que se debe aprender debe estar "contextualizada" y, por lo tanto, necesita de una "situación" donde dicho aprendizaje se produzca y tenga sentido.

Existen diversas definiciones de situación de aprendizaje. Aun así, podemos destacar algunas características comunes:

· Son el modo de articulación del currículo que se desarrolla en las aulas.

· Es la planificación organizada de experiencias de aprendizaje en torno a un problema, un reto, al que debemos dar respuesta en un contexto cercano. El reto lo será si está adaptado a los intereses del alumnado y a su situación de partida. El reto motiva si se encuentra dentro de la zona de desarrollo próximo.

· Responden a la descripción de los aprendizajes que realizan uno o varios criterios de evaluación y por, por lo tanto, se generan experiencias que permiten adquirir dichos aprendizajes y evaluarlos.

· Admiten la interacción de aprendizajes simultáneos de diferentes materias, simplemente porque al estar cercanas a la realidad esta lo puede exigir, el mundo no está dividido en asignaturas.

· Siempre hay un producto, material o intelectual, que se puede emplear como instrumento de evaluación. Dicho producto suele estar implícito o explícito en el criterio de evaluación.

- Activa los saberes básicos adquiridos o mejor, exige la adquisición de los saberes sean básicos o no, porque la situación no se resuelve bien si no se poseen.

- Están vinculadas al aprendizaje donde el protagonista es el alumno por lo tanto las metodologías serán activas e invitan a colaborar y también inciden en la metacognición.

- Se trata de un desarrollo curricular coherente con el desarrollo de competencias.

- Favorecen la inclusión y para ello la perspectiva de diseño activa los principios del diseño universal de aprendizaje (DUA).

En el capítulo siguiente profundizaremos sobre las situaciones de aprendizaje e incidiremos en el proceso de creación sobre el principio del alineamiento y la centralidad de los aprendizajes que se describen en los criterios como punto de partida.

En definitiva, para pasar del currículo oficial al currículo del centro y luego al del aula tenemos que conocer bien la articulación de la LOMLOE y concretar, ampliando, el mínimo común que se prescribe en el currículo oficial. Por eso todo debe empezar revisando el perfil de salida, que es un *retrato robot* de los mínimos del sistema educativo y lo transformaremos en la descripción de la imagen de persona que da sentido a la existencia de las diversas instituciones y centros educativos, tanto públicos como privados, pues todo centro tiene en su proyecto educativo el punto de partida y de llegada de su acción. Si enriquecemos este perfil oficial, los medios que la Administración plantea para llegar a él no tienen por qué contemplar lo que se ha añadido como propio, por lo tanto, si no se quieren tener currículos paralelos y dejar en el ámbito de lo informal o no formal dichas propuestas educativas, habrá que implementar lo necesario, a través de las competencias específicas y los criterios de evaluación, para que sean posibles. Los departamentos deben establecer la secuencia y la coordinación para trazar una senda, un itinerario de aprendizaje lógico, ajustado en tiempos y contextualizado, en función de los aprendizajes descritos en los criterios y no en los contenidos disciplinares. Esta es una de las mayores inercias que, hoy por hoy, es más difícil de vencer. Una vez clarificada la acción conjunta y la de cada profesor relativa a cada curso, con los acuerdos que puedan ser necesarios, empieza la tarea de la programación de aula. En ella la forma coherente se encuentra en la sucesión de situaciones de aprendizaje. Pasemos a ver cómo se propone, en el siguiente capítulo, este diseño.

REFERENCIAS BIBLIOGRÁFICAS

Coll, C. Marín, E. (2022): *El trabajo competencial en el aula*. Cuadernos de pedagogía, Nº 537

Conselleria d'Educació, Cultura, Universitats i Ocupació (2022): *Decreto 107/2022, de 5 de agosto, del Consell, por el que se establece la ordenación y el currículo de Educación Secundaria Obligatoria*. DOGV

Cordero, P. y Carnicero, G. (rec) (2021) *¿Quién forma a los futuros docentes?* Octaedro.

Jefatura del Estado (2006) : *Ley Orgánica 2/2006, de 3 de mayo, de Educación*. BOE.

Jefatura del Estado (2020): *Ley Orgánica 3/2020, de 29 de diciembre, por la que se modifica la Ley Orgánica 2/2006, de 3 de mayo, de Educación*. BOE.

Jiménez-Rodríguez, M.A. (2011): *Cómo diseñar y desarrollar el currículo por competencias*. PPC.

Jiménez-Rodríguez, M.A. (Coord.) (2019): *El diseño de unidades didácticas hoy*. Tirant Humanidades.

Jiménez-Rodríguez, M.A. (Coord.) (2019): *Programar al revés*. Narcea.

Ministerio de Educación y Ciencia (2007) *Orden ECI/3858/2007, de 27 de diciembre, por la que se establecen los requisitos para la verificación de los títulos universitarios oficiales que habiliten para el ejercicio de las profesiones de Profesor de Educación Secundaria Obligatoria y Bachillerato, Formación Profesional y Enseñanzas de Idiomas*. BOE.

OCDE (2002): *La definición y selección de competencias clave*. Agencia de los Estados Unidos para el Desarrollo Internacional (USAID).

Oficina Internacional de Educación de la Unesco. (2017): *Training tools for curriculum development*. Geneva: IBE 2017 (4695)

UE (2010): *Informe conjunto de 2010 del Consejo y de la Comisión sobre la puesta en práctica del programa de trabajo «Educación y formación 2010»*. Diario Oficial de la Unión Europea.

Valle, J. (2022): *LOMLOE y cambio educativo: del mito competencial al reto curricular*. Educadores: Revista de renovación pedagógica, Nº 284, págs. 4-16

Capítulo 3.
Diseño curricular de situaciones de aprendizaje. Guía didáctica

Las **situaciones de aprendizaje** son las células del tejido curricular competencial. Poseen alineados todos los elementos esenciales del currículo en el nivel de concreción del aula y, por tanto, son el instrumento en el que los profesores y maestros piensan y prevén lo que sus alumnos van a vivenciar como **experiencias de aprendizaje.**

Los conceptos de unidad didáctica y situación de aprendizaje[1] están muy próximos cuando el curriculum pretende que los alumnos adquie-

---

1. La programación didáctica es el documento en el que se concreta la planificación de la actividad docente en el marco del Proyecto Educativo y de la Programación General Anual. Con el fin de organizar la actividad didáctica, la Programación se concretará en diferentes Unidades de Programación que se corresponderán con Unidades Didácticas o Situaciones de Aprendizaje. En una Situación de Aprendizaje Competencial se concretan y evalúan las experiencias de aprendizaje. Para que estas experiencias de aprendizaje sean competenciales el docente o la docente debe diseñar Unidades Didácticas o Situaciones de Aprendizaje con tareas y actividades útiles y funcionales para el alumnado, situadas en contextos cercanos o familiares, significativos para este, que le supongan retos, desafíos, que despierten el deseo y la curiosidad por seguir aprendiendo; experiencias de aprendizaje que impliquen el uso de diversos recursos; que potencien el desarrollo de procesos cognitivos, emocionales y psicomotrices en el alumnado; que favorezcan diferentes tipos de agrupamiento (trabajo individual, por parejas, en pequeño grupo, en gran grupo). De igual forma, las metodologías elegidas deberán contribuir al éxito de los aprendizajes fomentando la motivación, facilitando el proceso y contribuyendo a una buena gestión del clima del aula. Por último, los productos elegidos deberán ser adecuados para la observación de los aprendizajes descritos en los Criterios de Evaluación, siendo coherentes con los procesos cognitivos, emocionales y psicomotrices en

ran competencias y tiene como elemento generatriz el criterio o los criterios de evaluación. Gracias a que se van superando dichos criterios, se adquieren las competencias específicas de cada área o materia y por fin, y gracias a los descriptores con los que se relacionan, van completando progresivamente el perfil de salida, que no es otra cosa que una concreción de las competencias clave. Estos perfiles están descritos en las etapas de Educación Primaria, Secundaria Obligatoria y también para el Bachillerato con una intención clara de continuidad que se revela en que son las mismas competencias y los mismos descriptores para todas estas etapas. En el capítulo anterior ya se ha descrito cómo llegar de este perfil estandarizado al de centro

Esta estructura curricular entronca también con las descripciones de perfil de egreso que se tiene en la Universidad desde la entrada en vigor del Espacio Europeo de Educación Superior, que se proponen, no como competencias clave, sino como resultados de aprendizaje de la titulación que se trate y que definen el perfil de egreso. Estos resultados son el alma de los títulos y se van consiguiendo a través del itinerario formativo que es el plan de estudios. Cada asignatura tiene a su vez resultados de aprendizaje que hacen posibles los del título. La formulación adoptada para los criterios de evaluación en las etapas iniciales y para los resultados de aprendizaje de la universidad es idéntica. Estamos, por tanto, en un momento de unificación del Sistema Educativo completo en función de competencias. La Formación Profesional, pionera en la introducción de las competencias en el curriculum, también se articula con un esquema semejante, donde las competencias se desglosan en resultados de aprendizaje, y estos en criterios de evaluación, que sirven

ellos descritos. El diseño debe tener como referencia uno o varios Criterios de Evaluación, que nos darán las claves de nuestra Situación de Aprendizaje, y a través de los cuales evaluaremos el logro de los aprendizajes descritos en estos Criterios al mismo tiempo que evaluamos el grado de desarrollo de las Competencias vinculadas a los mismos. https://www3.gobiernodecanarias.org/medusa/ecoescuela/sa/que-es-situate/orientaciones-sa/

a un tiempo para describir lo que los alumnos deben aprender y de qué deben ser evaluados.

Esta guía, con explicaciones exhaustivas, pretende justificar cada uno de los pasos que deben darse. Siempre con dos elementos subyacentes: el paradigma de la educación centrada en los aprendizajes y el alineamiento constructivo de John Biggs que, evidentemente, son complementarios. De este modo, el lector encontrará en ella el porqué de cada elemento curricular. Está pensada para iniciarse en el diseño o, en el caso de la formación de profesores en ejercicio, poder comprender mejor el alineamiento necesario de cada paso.

Finalmente, ofrecemos una versión de las tablas, sin anotaciones, que pretende facilitar una estructura para organizar el pensamiento y materializar el diseño curricular. Es imprescindible no pasar a emplear la segunda versión sin haber asimilado la primera. Si no lo hacemos así, el proceso de diseño, en lugar de ser un lugar de creación, puede convertirse en lo contrario: en una experiencia burocrática consistente en "rellenar celdas" de documentos con espacios en blanco.

PLANTILLA PARA EL DISEÑO DE SITUACIONES DE APRENDIZAJE. (GUÍA DIDÁCTICA)

Paso 0.Título y presentación general

Título de la situación de aprendizaje
Las "Situaciones de Aprendizaje" son experiencias que se vivencian en un contexto. Por eso el título puede ser un *anuncio* que indique, de forma atractiva, lo que se va a vivenciar y no el "contenido o el tema" que se va tratar. Como en cualquier "creación", el título puede ponerse al final, cuando hayamos diseñado bien toda "la obra".
Presentación de la SdA: Breve explicación sobre lo esencial de la SdA. ¿Qué se va a aprender? ¿Por qué es adecuada? ¿En qué consiste (a grandes rasgos)?

Paso 1. Contextualización (marco curricular y de aplicación)

Identificación curricular y ubicación temporal			
Etapa/nivel/curso	Competencia/s específica/s y criterio/s de evaluación.	Solo las referencias	Trimestre/evaluación
Área o materia	Competencia/s específica/s y criterio/s de evaluación de otras áreas/materias.	Solo las referencias	Periodo aproximado de implementación (semanas)	*Se pueden numerar las semanas del trimestre*

Miguel Ángel Jiménez Rodríguez, Josep Esteve Furió Vayà y Mauro Alberola Albors

Otras áreas/materias vinculadas	El vínculo debe ser sustantivo, es decir, están vinculadas porque se va a aprender y evaluar los aprendizajes que definen los criterios de valuación elegidos de otras áreas o materias, no que haya relación en el tema o se empleen aprendizajes de otras áreas o materias	Saberes básicos y complementarios	Solo las referencias	Nº de sesiones

Contexto de aplicación de la SdA

El centro: Hay que tener en cuenta la **línea pedagógica del centro**, las **decisiones pedagógicas del ciclo o departamento** y, por supuesto **los destinatarios**. Las características del alumnado para el que diseñamos la Situación de Aprendizaje en el contexto de aula que es donde se desarrollará ordinariamente.

Aquí especificamos las características de las necesidades específicas de apoyo educativo (NEAE) que tendrán que verse reflejadas en el diseño de la SdA Podremos emplear la clasificación oficial de la siguiente tabla para definir la tipología de los diferentes perfiles de necesidades :

Necesidades educativas especiales derivadas de discapacidad, trastornos graves de conducta y/o trastornos graves de comunicación y lenguaje	Altas capacidades	Trastornos atencionales. TDA-H	Condiciones personales o historia escolar	Desconocimiento grave de la lengua de aprendizaje
Incorporación tardía al Sistema Educativo	Dificultades en la Enseñanza-Aprendizaje o Trastornos de aprendizaje	Retraso madurativo	Trastornos del lenguaje y la comunicación	Vulnerabilidad socioeducativa

Medidas de atención educativa a nivel de aula. Los principios y pautas DUA

Para que la SdA sea más inclusiva aplicaremos los Principios y pautas DUA. Los Principios del Diseño Universal del Aprendizaje (DUA) y las Pautas básicas que los desarrollan "no deberían aplicarse a un único aspecto del currículum ni deberían ser utilizadas sólo con unos pocos estudiantes. Lo ideal sería que las Pautas se utilizaran para evaluar y planificar los objetivos, metodologías, materiales y métodos de evaluación con el propósito de crear un entorno de aprendizaje completamente accesible para todos". Idealmente esto sería lo adecuado. Sin embargo, realizar este diseño para todas y cada una de las propuestas curriculares (en las que además se podrían aplicar simultáneamente aplicar varias pautas) sería interminable. Vamos a tener en cuenta la aplicación del DUA en función de las características generales del grupo y también de las necesidades educativas especiales que hayamos determinado en el apartado anterior para alumnos concretos. Para poder señalar qué tipo de pauta emplearemos, pondremos a continuación de la actividad de la que se trate el código correspondiente. Por ejemplo, **DUA 2.2 significará** que la actividad contará con opciones para la expresión y la comunicación diversa. (por ejemplo, por escrito o por oral o expresando el resultado gráficamente o con un podcast…), Esta codificación es la que emplearemos en las tablas que despliegan la secuencia didáctica de cada sesión

PRINCIPIOS DUA	PAUTAS DUA		
1. Proporcionar múltiples formas de representación.	1.1 Proporcionar opciones para la percepción.	1.2 Proporcionar opciones para el lenguaje, expresiones, matemáticas y símbolos.	1.3 Proporcionar opciones para la comprensión.
2. Proporcionar múltiples formas de Acción y Expresión.	2.1 Proporcionar opciones para la acción física.	2.2 Proporcionar opciones para la expresión y la comunicación.	2.3 Proporcionar opciones para las funciones ejecutivas.
3. Proporcionar múltiples formas de compromiso al alumnado	3.1 Proporcionar opciones para el interés.	3.2 Proporcionar opciones para sostener el esfuerzo y la persistencia.	3.3 Proporcionar opciones para la autorregulación.

Paso 2. ¿Qué se va a aprender y qué importancia tiene?

(Los números corresponden a las indicaciones y justificaciones teóricas, que han de guiar las decisiones del diseño, presentes en la tabla)

Dado que partimos de un paradigma centrado en el aprendizaje, esta es la tabla más importante de todas. Es el elemento generador de toda la SdA, desde donde todo toma sentido. En la SdA tenemos como referencia los elementos curriculares y perseguimos los aprendizajes que definimos en el punto 3, donde se concreta, para esta situación—lo más exactamente posible— lo que los alumnos van a aprender, es decir, el conocimiento, del tipo que sea, que van a incorporar.

1. Competencia/s Específica: Competencia/s específica/as a la que pertenece cada uno de los criterios de evaluación del currículo oficial.

2. Criterio/s de evaluación del currículo: El currículo oficial describe, en los criterios de evaluación, los aprendizajes mínimos y comunes que el alumnado debe adquirir.

3. Criterio/s de evaluación de la situación de aprendizaje: Ten en cuenta que el criterio del currículo oficial (concretado en el centro) es para el final del periodo para el que se describe (final de etapa, ciclo, ...). Si el criterio no pudiera ser abordado entero en el momento del curso en el que se esté—por ejemplo, la primera evaluación del primer curso no permite llegar a todo lo que describe el criterio del currículo oficial pues todavía necesitamos que los alumnos adquieran aprendizajes previos)— **describiremos en el criterio/s "exactamente" los aprendizajes que se pretenden adquirir en este periodo** con la fórmula: verbo de acción + sobre qué actúa el verbo (normalmente saberes básicos y otros saberes) + la circunstancia en que esta acción se debe realizará que en ocasiones expresa la finalidad.

Si en una situación de aprendizaje trabajas únicamente con parte del criterio no olvides **que deberás volver, más adelante, al criterio completo** en otra. Por otra parte, el criterio del currículo oficial es de mínimos. Nunca lo reduzcas, porque es de mínimos y no es posible salvo porque estás en proceso de llegar a él como se explicaba antes. Si lo haces, además, seguramente dejará de ser competencial. Lo que se añade a los criterios de evaluación refleja y da cabida, lógicamente, al segundo y tercer nivel de concreción curricular, (que corresponden a los niveles de centro y aula respectivamente). Si los criterios no se amplían (o "reescriben" siempre añadiendo algo) el currículo sería cerrado y el mismo para todos los centros (con lo que no existiría autonomía pedagógica y libertad de enseñanza).

4. Indicadores y evidencias:

· Los Indicadores

son siempre los diferentes aprendizajes que se combinan (porque el criterio es competencial) en el criterio e interactúan en la acción que se describe en dicho criterio; no existen por separado. Si nos olvidamos del criterio y nos centramos en los indicadores como unidades independientes volvemos a los objetivos operativos. Son más "concretos" pero dejan de ser competenciales. Los objetivos operativos y las competencias son conceptos antagónicos.

-Como la formulación del criterio es: verbo de acción + sobre qué actúa el verbo (saberes) + circunstancia en la que se realiza la acción, es muy fácil que haya que combinar diversos aprendizajes que son necesarios para que lo expresado en el criterio se cumpla.

-Los Indicadores permiten fijar los aprendizajes clave de cada criterio/s de evaluación de la SdA.

-Guían la acción docente en el diseño del proceso y son también imprescindibles para la evaluación porque concretan qué evaluar.

Las evidencias

-A menudo los indicadores siguen siendo complejos. Puede necesitar ser desglosado o especificado a su vez **en evidencias**, que son conductas concretas esperadas en función del proceso de enseñanza aprendizaje que planifiquemos.

-De este modo, también explicitaremos "hasta dónde" se pretende llegar en cualquier aprendizaje de forma concreta. Esta descripción permite graduar los niveles de adquisición de los aprendizajes, facilitando la construcción de instrumentos de calificación.

Para explicitar la relación entre los criterios, los indicadores y las evidencias emplearemos numeraciones decimales Criterio 1/ Indicador1.1/Evidencias 1.1.a, 1.1.b, …

Miguel Ángel Jiménez Rodríguez, Josep Esteve Furió Vayà y Mauro Alberola Albors

5. La calificación

Es la medida del grado de consecución de los aprendizajes descritos en los criterios y concretados en los indicadores y las evidencias.

En esta columna pondremos el valor, en porcentaje ya que empleamos la base 10, que atribuimos a los aprendizajes que hemos establecido por medio de los criterios de evaluación que los describen.

Si solo hubiese uno, su valor sería del 100%. Es decir 10 puntos. Si hay varios, la primera decisión es atribuir valor relativo a cada uno de los criterios. (La suma será del 100%, 10 puntos).

Cada criterio puede estar concretado en indicadores, y a estos les otorgaremos el valor que creemos que deben tener dentro del criterio. La suma de los indicadores es igual al valor del criterio que concretan.

Del mismo modo, las evidencias también pueden tener valores distintos por lo que la suma de los valores de las evidencias es igual al valor del indicador del que dependen.

Es un error común atribuir porcentajes de calificación a las pruebas (y decir que estos valores son los criterios de calificación) como si estas tuvieran valor por sí mismas.

La prueba *per se* no vale nada. Recibe el valor del aprendizaje que pretende evidenciar para que pueda ser evaluado. Por esa razón, si queremos saber qué valor damos a cada prueba de evaluación **deberemos asignar valores a cada uno de los aprendizajes que pretendemos** (y que se definen en los criterios de la SdA). **La prueba recibe el valor del aprendizaje que evalúa.** Las calificaciones no son "el pago" de las tareas que el alumno realiza, sino la valoración de los aprendizajes adquiridos.

Competencia/s Específica/s	Criterio/s de evaluación del currículo	Criterio/s de evaluación de la situación de aprendizaje	Indicadores y evidencias	La calificación, (medida del grado de consecución de los aprendizajes descritos en los criterios concretados en los indicadores y las evidencias)
1	2	3	4	5

Paso 3 ¿Cómo se evaluarán y calificarán los aprendizajes?

3.1 La/s prueba/s de evaluación/producto final de la SdA. La evaluación inicial y la evaluación continua

La evaluación final o sumativa

- Una prueba de evaluación puede ser cualquier actividad[2] que el alumno realice (en coherencia con la acción del verbo/s del criterio/s) y que permita evidenciar los aprendizajes descritos en el/los criterio/s de evaluación. Muchas veces, la prueba de evaluación final o sumativa coincidirá con un producto que está implícito, a veces explícito, en dicho criterio/os y que, por ende, lo será de la SdA porque esta es el medio para lograr los aprendizajes.

- Normalmente, será una tarea (por la complejidad, contexto y finalidad, que coinciden con los criterios de carácter competencial) que en las SdA coincidirá con el "producto final" al que se orienta la situación diseñada.

- **La prueba será válida, si y solo si, al ser realizada por el alumnado, se puede evidenciar/verificar que los aprendizajes descritos en el criterio han sido adquiridos.** Para ello debemos poder "ver" lo que hayamos establecido en los indicadores y en las evidencias empleadas para determinar mejor los aprendizajes esperados en la SdA. Si puede ser, en la misma "unidad de acción" porque esta "combinación simultánea" es propia de las competencias por definición, o en la secuencia de ejercicios, actividades o tareas que conduzcan a ella.

- Si no es posible, cambia de prueba hasta que la encuentres o incluso cambia de Situación de Aprendizaje porque **no es la situación, sino el aprendizaje, lo que hemos tomado como punto de partida y variable independiente** y tiene su origen en el currículo que hemos de desarrollar. Las situaciones de aprendizaje son medios y no fines y como tales debemos supeditarlas a los aprendizajes siendo fieles al paradigma al que nos acogemos.

- La experiencia de aprendizaje que culmina en el producto final de la **situación de aprendizaje que diseñes será, seguramente, el mejor escenario para evaluar.** La evaluación sumativa-final será el "espejo" del criterio/s de evaluación.

2. Emplearemos el término actividad para denominar genéricamente las acciones que el alumnado realice en el proceso de aprendizaje, sean estas ejercicios, actividades o tareas.

Miguel Ángel Jiménez Rodríguez, Josep Esteve Furió Vayà y Mauro Alberola Albors

La evaluación inicial

Por supuesto, puede haber **evaluación inicial**, situada al comenzar la SdA, que no pretende calificar, sino verificar el punto de partida y orientar tanto el trabajo del alumnado y profesorado.

Y también evaluación continua o formativa

Que se realiza en el proceso para verificar cómo va el aprendizaje y poder tomar decisiones. No tiene como fin intrínseco calificar, sino generar información. Sin embargo, es posible que este tipo de evaluación necesaria, pueda ser objeto de calificación (sobre todo para estimular el estudio y trabajo de los alumnos) la calificación en la evaluación formativa tomará parte del valor que se haya atribuido al criterio o al indicador sobre el que estemos trabajando, puesto que no hemos llegado al punto final.

Si valoramos algún criterio completo antes de terminar el tiempo dedicado ala SdA no sería evaluación continua sino final (pues estamos valorando el criterio en su punto de llegada y no mientras se realiza el aprendizaje) y podríamos calificarlo con lo que se haya decidido en el paso 2

El diseño de estas pruebas debe seguir la misma lógica (determinar a qué criterio se dirige la verificación del proceso siempre concretando lo que se espera en el punto en el que se esté).

3.2 La calificación y sus instrumentos

- Para cada prueba/s de evaluación ¿qué instrumento/s de calificación serían el/los más adecuado/s?

- Para poder calificar con mayor objetividad, (y para poder activar todos los beneficios que tiene explicitar los criterios de calificación) diseñaremos y emplearemos instrumentos de calificación. Los principales son la rúbrica, la lista de chequeo o *check-list* y la escala de valoración.

- **Realizaremos una rúbrica** cuando los aprendizajes evidenciados en la prueba de evaluación (que nunca deberían ser ni más ni menos que los descritos en el criterio) sean un continuo —hay cierta "escala de grises" en la calidad de lo aprendido— y, además, podamos determinar fácilmente las conductas esperadas por los alumnos una vez hayan realizado el proceso de enseñanza-aprendizaje que vayamos a llevar a cabo. Esto es muy importante. Por ejemplo, no podemos esperar lo mismo si a algo se le ha dedicado poco o mucho tiempo. Las filas de las rúbricas serán los indicadores y las evidencias nos servirán para construir las columnas de las tablas rellenando las celdas con descripciones concretas de las conductas esperadas.

Si no podemos describir estas conductas con precisión, pero sí vamos a evaluar los indicadores y establecemos una gradación, de mucho a nada, de muy bien a mal o muy mal, o cualquier otra escala, el instrumento que tenderemos **será una escala de valoración**.

- Si los aprendizajes que vamos a evaluar se pueden diferenciar dicotómicamente (sí/no; conseguido /no conseguido) lo mejor es que empleemos **una lista de control o de chequeo (check-list)**.

- Como decíamos antes, emplearemos **la escala de valoración** cuando no sea sencillo concretar las conductas que esperamos (por ejemplo, cuando la solución de un problema o situación sea divergente y varias sean posibles). **Se indicarán los aspectos a valorar** (indicadores) y se establecerá la escala en que estos serán valorados, **pero no "qué significa" en términos de resultados o conductas observables, evidencias, cada una de las valoraciones posibles**.

- El instrumento de calificación más adecuado en cada caso se asocia a la prueba de evaluación concreta y emplea los indicadores y las evidencias que se han descrito en el punto 2. El valor **que tendrán ya ha sido determinado en el paso 2 (por medio del valor/importancia atribuida a los aprendizajes)**.

- **El valor de cada prueba, como se ha dicho, depende del valor del aprendizaje que pretende poner en evidencia.** Recuerda que, por sí misma la prueba no tiene valor, lo obtiene del aprendizaje que evidencia.

- Los instrumentos de calificación (rúbricas, listas de chequeo, escalas de valoración, …) emplearán los indicadores y las evidencias las esenciales para su construcción y **evitarán incluir otros que no formen parte de los aprendizajes descritos en los criterios** (pues normalmente, no deben ser evaluados aspectos que no han sido objeto de enseñanza-aprendizaje). Cuidado con las rúbricas, listas de chequeo, escalas… estandarizadas, valoramos los aprendizajes adquiridos en función del **proceso concreto que los alumnos han llevado a cabo específicamente** y no sobre la descripción de la conducta óptima. Este es un error común que lleva a comparar al alumno con características que no han sido objeto de enseñanza, o lo contrario, ya han sido conseguidas, por lo que no valoran aprendizaje alguno (ya que entendemos el aprendizaje como incorporación de conocimiento del tipo que sea).

3.3 Sistema de evaluación (inicial, continua-formativa y final): Aprendizajes, pruebas e instrumentos de calificación.

En este cuadro indicaremos los aprendizajes que verificaremos en cada momento y el tipo de evaluación.

Evaluación inicial

Aprendizajes a evaluar	Criterio de referencia	Prueba	Inst. de calificación

Evaluación continua-formativa

Aprendizajes a evaluar	Criterio y/o indicador de referencia	Prueba	Instrumento de calificación	Valor de la evaluación continua con respecto al criterio de referencia

Evaluación final /sumativa

Saberes/aprendizajes	Criterio/s que evalúa	Prueba/producto final	Instrumento de calificación	Valor en la situación de aprendizaje

Paso 4. Relación con las competencias del perfil de salida (PS) de la etapa

- **A partir de los indicadores** (los mismos que se han establecido al inicio en el paso 1, que son los que vamos a valorar como elementos clave del criterio/s), se vincularán las competencias clave y los descriptores del perfil de salida correspondiente al curso para el que se programa la situación de aprendizaje.

- Elegiremos **solo uno** de estos descriptores. *El que mejor se relacionen con cada uno de los indicadores.* Lo hacemos con los indicadores porque son **"unidades de sentido formativo"** *que estaban interactuando dentro del criterio. Y, a menudo, pueden (paradójicamente) pertenecer a distintas competencias clave del perfil de salida.*

- Como tenemos datos **sobre qué ha aprendido cada alumno** (los hemos evaluado) y pueden estar vinculados —**aunque pertenezcan al mismo criterio**— a competencias diferentes, podremos después tener una valoración más precisa sobre **el nivel de competencia adquirido por cada estudiante.**

Para ser más precisos, concretamos el descriptor con el que cada indicador evaluado tiene un mayor vínculo. Así, si en todas las áreas o materias procedemos del mismo modo, cuando queramos valorar el nivel de competencias adquirido, podremos tener un buen número de valoraciones para cada competencia e incluso algunas para cada descriptor. Esta información facilitará la elaboración de planes personalizados y la determinación, no solo de las competencias adquiridas, sino el nivel de cada una de ellas en relación con el perfil de salida pretendido en la etapa.

Indicadores evaluados	Competencia clave (PS)	Descriptor (PS)

Paso 5. Los saberes básicos

Saberes básicos (conocimientos, destrezas y actitudes) del currículo oficial y *los necesarios para completar los aprendizajes descritos* en el criterio/s de evaluación de la situación de aprendizaje

Área o materia	Bloque

-Se trasladan aquí los saberes básicos que están en el currículo que vamos a aplicar en el centro (partiendo del oficial).

-Se listarán todos los que sean necesarios para que los aprendizajes descritos en el criterio-s se pue-dan llevar a cabo.

- Como los saberes básicos están agrupados por bloques, podemos registrar el bloque al que pertenecen. Nos ayudará a ello elegir los saberes básicos relacionados con la Competencia Específica a la que pertenezca el criterio o criterios de la situación de aprendizaje (o las indicaciones que algunas CCAA hayan establecido en sus concreciones curriculares).

- Al igual que los criterios del currículo oficial, **los saberes básicos no son lo único que los alumnos tienen que aprender** (la LOMLOE los ha establecido como aquellos que son *imprescindibles*) y sin los cuales los alumnos podrían tener dificultades en su desarrollo personal).

Por lo que siempre es posible (y necesario porque el fin de la educación es llevar a los alumnos al máximo de sus posibilidades) añadir otros saberes. Estos deberán estar, por supuesto, **implícitos y exigidos por los aprendizajes del criterio/s elegido/s en la situación de aprendizaje**, razón por la que es necesario también ampliar los criterios si estos saberes no estuvieran implícitos claramente en el criterio. Esto tiene lógica en la estructura sistémica del currículum. **Cuando se modifica un elemento suele ser necesario modificar los demás.**

- **Al igual que en los criterios, los saberes que exige la SdA pueden pertenecer a otras áreas o materias**

Los saberes que sean necesarios en la SDA y no estén en el currículum los denominaremos **complementarios**. Si el centro en su concreción curricular ha establecido una clasificación pondremos las referencias correspondientes.

Paso 6. Secuenciación didáctica: temporalización, saberes, metodología/secuencia de actividades, agrupamientos, espacios y recursos

Explicamos en la tabla siguiente los criterios con los que completaremos la secuencia didáctica del paso 6.

- Este apartado **recoge el fruto de las decisiones anteriores y las convierte en una secuencia didáctica de enseñanza-aprendizaje.**

- Responde al resto de cuestiones esenciales del currículo. *Tales como: CUÁNDO, QUÉ, CÓMO y con QUÉ MEDIOS van a aprender los alumnos* (distinto de cómo vamos a enseñar).

- Se parte de la determinación del tiempo que dedicaremos a cada actividad formativa. A continuación los saberes, para saber sobre qué vamos a incidir. Luego las actividades formativas (regidas por las metodologías o los ejercicios, actividades y tareas propuestos), el tipo de agrupamiento, los espacios y los recursos (materiales y humanos) en los que podemos referenciar para cada actividad la documentación que incluiremos en los anexos, pues las tablas no son un buen lugar para explicar de forma extensa las actividades propuestas.

- También recordaremos **el criterio o el indicador al que se dirige** cada una de las acciones formativas propuestas.

- Finalmente reservamos una columna para poder, potencialmente, en cada una de ellas, asignar el **código correspondiente a las pautas DUA.**

- Incluiremos **todas las actividades que sirvan para aprender,** lo que **incluye las tareas que se planteen para realizar fuera del aula,** en particular los denominados *deberes,* por parte del alumnado (de lo contrario estaríamos programando nuestro trabajo y no el del alumno que es el protagonista del aprendizaje).

- Y las que tengan por **finalidad verificar/evaluar los aprendizajes** (ya sea en la evaluación inicial, continua o formativa o sumativa o final). En este momento no podemos entrar en detalles en aras de la claridad del diseño general de la SdA. Posteriormente habrá que especificar mejor cada sesión, que necesitará de un desarrollo más específico, en cada uno de los elementos que entran en juego.

Temporalización	De forma general. En sesiones (o parte de ellas). Para cada paso de la secuencia de ejercicios, actividades o tareas de la metodología elegida
Saberes	- Son los que se han decidido en el paso 5. - En este caso se sitúan en la secuencia como "objeto" de aprendizaje. Para mayor claridad podemos copiarlos. - Al igual que los criterios de evaluación, los saberes enunciados en el currículum (básicos) y los complementarios deben ser concretados pues a menudo aparecen de forma muy general en él y ahora **necesitamos saber exactamente qué va a aprender el alumno** (sean conceptos, procedimientos o actitudes) que sean precisos para que el alumnado adquiera los aprendizajes necesarios en la SdA. - En ocasiones estos saberes deben abordarse juntos para que una acción formativa sea posible (Por ejemplo: si el saber es "ser crítico" lo lógico es que se sea con "algo" que puede ser un concepto, un procedimiento o una actitud).
Metodología/ secuencia de acciones formativas	- La metodología es un **sistema de actividades** determinado. - **Nunca es arbitraria** ni vale por sí misma, pues no todas sirven de la misma manera. Ha de elegirse siempre la que mejor se alinee con los resultados de aprendizaje que se pretendan conseguir (y también con las características de los alumnos (donde entran en juego los principios DUA), los profesores que las van a llevar a cabo, el tiempo y los recursos disponibles). - En muchas ocasiones el criterio de evaluación nos va a señalar claramente cuál es la metodología que debemos elegir pues el verbo, que señala la acción o el conjunto de circunstancias/finalidades (para las que se emplean frecuentemente verbos en gerundio, adjetivos o adverbios), indican el modo en que las acciones del criterio deben llevarse a cabo y; por tanto, cómo deben ser aprendidas para que esto sea posible y coherente.

Son sistemas de actividades con estructuras reconocibles por los profesionales y la comunidad científica, por ejemplo:

- Los proyectos y los proyectos de comprensión.
- Aprendizaje basado en problemas.
- Estudio de casos.
- Debates.
- Simulación y role playing.
- Aprendizaje por rincones.
- Aprendizaje por contrato.
- Rincones y contratos combinados.
- Aprendizaje por tareas.
- Aprendizaje basado en retos.
- Aprendizaje servicio.
- Aprendizaje experiencial.
- Web Quest
- Design Thinking.
- Aprendizaje basado en el pensamiento y rutinas de pensamiento.
- Clase invertida o Flipped Classroom.
- Gamificación.
- Escape Room educativo.
- Aprendizaje cooperativo
- Estructuras cooperativas simples (Spencer Kagan)

- Empleo de herramientas y recursos TICs integrados en las metodologías (incluida la IA)
- Círculo y asamblea.
- Centros de interés.
- Talleres.
- Exposiciones.
- Tertulias dialógicas.
- Seminario clásico.
- Tutorías (como método de aprendizaje personalizado).
- otros

- En el caso de que no empleemos ninguna de estas metodologías, sino que optemos por generar una secuencia de ejercicios, actividades y/o tareas, describiremos en qué consisten para que cualquier profesional pudiera llevarlas a cabo con el alumnado.

- Incluiremos en la secuencia las actividades que los alumnos deban realizar en casa de forma individual o en equipo. Esto es esencial para racionalizar los "deberes" e integrarlos en el proceso, teniendo en cuenta el trabajo "extra-escolar" que se manda y teniendo el centro como lugar privilegiado para el aprendizaje. Nuestro sistema es uno de los que más horas lectivas tiene en Europa y muchas veces el aprendizaje se realiza en casa, con una carga de "deberes" muy por encima de la media, lo que genera infinidad de problemas personales, sociales y familiares a la vez que una gran desigualdad de oportunidades. *Al colegio o al instituto debería irse a aprender y no a "informarse de lo que hay que estudiar en casa".*

- Aun así, estas tareas son en muchos casos irrenunciables. Son esenciales cuando se trabaja con metodologías como la clase invertida y se deben programar y enseñar pues son parte esencial del "enseñar a aprender" que complementa al "aprender a aprender" que es una de las competencias sistémicas más inclusivas y relevantes en la vida de los estudiantes.

- En todo caso, sobre todo en Secundaria y Bachillerato, el profesorado debería llegar a acuerdos para no sobrecargar los tiempos "fuera del aula" tendiendo al aprendizaje profundo y no a un continuo de tareas cuyo fin último sea ser entregadas.

- Consideramos que las actividades (ejercicios, actividades o tareas) que propongamos como pruebas de evaluación tanto inicial, como formativa o sumativa, tienen un enfoque educativo (aunque nos permitan calificar) y por eso forman parte de la secuencia didáctica. A menudo, tanto la realización como el análisis posterior, especialmente de los errores o el feedback del profesor o de los compañeros es una ocasión privilegiada para el aprendizaje. Esto justifica su inclusión en la secuencia, aunque su finalidad se amplíe a la evaluación.

- Cuando la actividad sea empleada para evaluar habrá sido establecida en el paso 3 y lo señalaremos en esta tabla en la columna Crit/Ind/(EVAL), escribiendo (Eval) en la fila correspondiente, con otra información que señalaremos en el lugar correspondiente.

- La SdA tiene también su "narrativa propia" ya que no deja de ser una experiencia de aprendizaje. Dicha narrativa va a mandar sobre las propuestas didácticas. Si no lo hacemos así, la SdA será "un tema del que hablamos" pero *no una experiencia que hace necesaria y da sentido a cada actividad que realizamos*.

Debemos tender a la *simplicidad en el diseño de las tareas eligiendo las más oportunas para que haya tiempo y sean significativas*. Aun así, la estructura general de la secuencia didáctica clásica nos puede servir de inspiración (aunque una SdA nos brinda muchos de estos pasos de forma natural). Lo reproducimos aquí para que sirva de apoyo.

Fase		Descripción de actividades y tareas
Inicio	Motivar y movilizar	Actividades para orientar al alumnado al nuevo aprendizaje. Actividades y tareas a modo de introducción y motivación al tema o contenidos a trabajar en la SdA, actividades para la contextualización y que doten de significado a la SdA. Presentación de la situación de aprendizaje, los objetivos y el producto a realizar.
	Activar	Actividades de detección de ideas previas o activación de conocimientos previos sobre los contenidos relacionados con la SdA. Análisis de situaciones, acciones o personas de su entorno más cercano a través de la observación y reflexión a partir de imágenes, vídeos, textos, etc. ¿Incorporamos alguna rutina de pensamiento u organizador gráfico de ideas?
Desarrollo	Explorar	Tareas o actividades que componen esta sección: actividades de investigación, valoración de fuentes, localización de la información, elaboración de trabajos que sirvan para aprender - Reflexión y análisis por medio de preguntas, rutina de pensamiento u organizador gráfico de ideas, etc.
	Estructurar	Descripción de las tareas o actividades que componen esta sección: actividades de análisis, estructuración. - Reflexión y conclusiones de forma cooperativa. ¿Qué pasos se deben llevar a cabo para elaborar el producto final teniendo en cuenta la información obtenida? Elaboración del producto o solución del reto siguiendo los pasos: - Trabajo individual previo al producto. - Puesta en común mediante grupos de trabajo. - Elaboración del producto o solución del reto de forma cooperativa.

Miguel Ángel Jiménez Rodríguez, Josep Esteve Furió Vayà y Mauro Alberola Albors

Cierre	Aplicar y comprobar	Descripción de las tareas o actividades que componen esta sección: presentación del producto final y su posible aplicación.
		- Presentación o exposición del resultado.
		- Valoración individual (autoevaluación) y cooperativa (coevaluación)
		¿Evaluamos el proceso? ¿Cómo?
		¿Evaluamos el resultado? ¿Cómo?
	Concluir	Descripción de las tareas o actividades de reflexión o cierre a modo de resumen, síntesis, extrapolación a otros contextos y consolidación de aprendizajes.
		¿Qué actividades o tareas planteas a modo de conclusión? ¿Audiovisual, TIC, gamificación, rutina de pensamiento, organizador gráfico de ideas...?
		- Preguntas de repaso.
		- Mapa conceptual.
		¿Qué actividades o tareas planteamos para metacognición?
		¿Y si...? Proyección en otras aulas, centro escolar, barrio, localidad, prensa, internet...
Agrupamiento		Para cada actividad determinaremos el tipo de agrupamiento: Individual (IND) Parejas (PAR) Pequeño grupo (PG) Gran grupo (GG)
Espacio		Para cada actividad estableceremos el espacio en el que se ha de realizar la actividad. En nuestra arquitectura escolar el aula es el más frecuente, pero podemos emplear el centro y sus diferentes espacios haciéndolos más polivalentes (pasillos, comedor, patios, salón de actos, ...) que muchas veces reducimos a un uso único y ocasional. Especial mención tienen los espacios extraescolares como son la "casa", donde se realizan las actividades que denominamos "deberes". También es importante pensar en que el contexto (la ciudad, el barrio, el pueblo, ...) ofrece multitud de oportunidades para el aprendizaje que a menudo no activamos.

Recursos	En esta columna señalaremos los **recursos materiales** que necesitamos sean estos analógicos o digitales y también podemos señalar **los recursos personales**. Omitiremos "profesor" porque lo damos por hecho, pero sí pueden ser otros docentes (codocencia), expertos externos, padres o tutores, voluntarios en comunidades de aprendizaje, alumnado de prácticas que puede tener un papel relevante en las actividades, …
Crit/Ind (EVAL)	- En esta columna estableceremos **sobre qué criterio o indicador estamos incidiendo**. - Si la actividad sirve de evaluación pondremos además "(Eval.)" para indicar que se trata de una actividad de evaluación referida al criterio/os o al indicador/es correspondiente/s. - También podemos señalar el agente: si la evaluación la realiza el alumno, autoevaluación (**Aut**). Si es por pares, coevaluación (**Coev**) o si la realiza el profesor u otro agente formador (por ejemplo, un experto que haya formado parte de la SdA) que será heteroevaluación (**Hetev**). En ocasiones podemos emplear más de una de forma simultánea para poder contrastarlas y sacar conclusiones.
DUA	Señalaremos, según el cuadro del paso 1 (criterios y pautas DUA) qué tipo de adaptación proponemos en las actividades que así lo requieran teniendo en cuenta la contextualización que hemos realizado y las características del alumnado al que va dirigida la SdA.

Paso 6: Secuenciación didáctica | Sesión nº:

	Saberes/Aprendizajes	Metodología/ Acciones formativas	Agrup.	Espacio	Recursos	Crit/Ind (EVAL)	DUA

Paso 7. Evaluación de la práctica docente y propuestas de mejora

Indicadores	Valoración cualitativa	Propuestas de mejora
La SdA y su relación con el currículo		
La SdA y su capacidad para generar experiencias valiosas, motivadoras y funcionales		
El análisis del contexto (personas tiempo, recursos disponibles) y adaptaciones DUA realizadas.		
El sistema de evaluación (inicial, formativa y sumativa) y de calificación		
Gestión del tiempo		
Metodologías/actividades propuestas		
Coordinación entre docentes		
Clima de aula generado		
Otros		

Plantilla para el diseño de situaciones de aprendizaje

Tabla 1. Título de la SdA
Presentación de la SdA

Tabla 2. Marco curricular y contexto de aplicación

Identificación curricular y ubicación temporal		
Etapa/nivel/curso	Competencia/s específica/s y criterio/s de evaluación.	Trimestre/evaluación
Área o materia	Competencia/s específica/s y criterio/s de evaluación de otras áreas/materias.	Periodo aproximado de implementación (semanas)
Otras áreas/materias vinculadas	Saberes básicos y complementarios	Nº de sesiones
Contexto de aplicación		

Tabla 3. ¿Qué se va a aprender en al SdA y qué importancia tiene cada aprendizaje?

Competencia/s Específica/s	Criterio/s de evaluación del currículo	Criterio/s de evaluación de la situación de aprendizaje	Indicadores y evidencias	La calificación

Tabla 4. El sistema de evaluación. ¿Cómo se evaluarán y calificarán los aprendizajes?

Evaluación inicial				Evaluación continua-formativa				
Aprendizajes a evaluar	Criterio de referencia	Prueba	Inst. de calificación	Aprendizajes a evaluar	Criterio y/o indicador de referencia	Prueba	Instrumento de calificación	Valor de la evaluación continua con respecto al criterio de referencia

Evaluación final /sumativa

Saberes/aprendizajes	Criterio/s que evalúa	Prueba/producto final	Instrumento de calificación	Valor en la situación de aprendizaje

Tabla 5. La relación entre la SdA y el perfil de salida (PS) de la etapa

Indicadores evaluados	Competencia clave (PS)	Descriptor (PS)

Diseño curricular de situaciones de aprendizaje. Guía didáctica 81

Tabla 6. Saberes básicos y saberes complementarios

Saberes básicos de la SdA	Materia	Bloque

Saberes complementarios de la SdA

Tabla 7. Secuencia didáctica de cada una de las sesiones de trabajo

Sesión nº:

Saberes/Aprendizajes	Metodología/Acciones formativas	Agrup.	Espacio	Recursos (Personales y/o materiales)	Crit/Ind (Eval)	Ref. DUA

Tabla 8. Evaluación de la práctica docente y propuestas de mejora

Indicadores	Valoración cualitativa	Propuestas de mejora
La SdA y su relación con el currículo		
La SdA y su capacidad para generar experiencias valiosas, motivadoras y funcionales		
El análisis del contexto (personas tiempo, recursos disponibles) y adaptaciones DUA realizadas.		
El sistema de evaluación (inicial, formativa y sumativa) y de calificación		
Gestión del tiempo		
Metodologías/actividades propuestas		
Coordinación entre docentes		
Clima de aula generado		
Otros		

Por si puede ser útil tener de forma sinóptica todos los elementos de la SdA ofrecemos esta plantilla síntesis:

Plantilla síntesis

SdA Nº	Título:			Área/materia:		Curso:	Situación temporal:
	Los aprendizajes			Competencias PS		La evaluación	
Competencias específicas	Criterio/s de evaluación SdA	Indicadores	Valor en %	Comp.	Desc.	Instrumentos o pruebas de evaluación	Instrumentos de calificación

La secuencia didáctica

⏱	Saberes/ aprendizajes	Metodología/Acciones formativas	Agrup.	Espacio	Recursos	Crit/Ind (EVAL)	DUA

Ev. actividad docente y propuestas de mejora

Tabla 1: Título de la SdA
Rugby y Valores: Un Torneo Educativo para la Autorreflexión y el Crecimiento Personal
Presentación de la SdA
La presente SdA pretende dar al alumno una visión general del deporte del rugby, obviamente con las modificaciones pertinentes para que éste sea educativo. Para ello, se eliminan gestos potencialmente peligrosos (como el placaje) y se adaptan espacios, materiales y normas, siempre conservando la naturaleza original del juego. Principalmente, se busca que el alumno piense tácticamente, es decir, que, a través del conocimiento de las normas y elementos que conforman el rugby, y a partir de la observación y el análisis, resuelva problemas tácticos surgidos durante el juego.
El hilo conductor va a ser siempre el juego, empezando con una situación de juego de invasión muy simple, para a continuación ir añadiendo reglas que aumentarán la complejidad del juego y a las que el alumno debe ir adaptándose. De esta manera, se espera que el alumno, al final de la SdA, sea capaz de jugar un campeonato de rugby para demostrar todo lo aprendido.
Sin embargo, esta SdA no busca competencias exclusivamente motrices, sino que, a través de la elaboración de un diario de prácticas, también trata de incidir en la autorreflexión, esto es, que el alumno se pare a pensar en su acción para detectar problemas en su aprendizaje, así como proponer soluciones a los mismos.
Asimismo, durante esta SdA los alumnos van a conocer la cultura de *fair play* que subyace al juego del rugby, con los valores intrínsecos que este busca promocionar a través de sus normas y de su juego. Fruto de todo esto, se busca también que el alumno identifique y sea crítico con las propias actitudes antideportivas y de discriminación que puedan surgir durante el juego.

Tabla 2. Marco curricular y contexto de aplicación

Identificación curricular y ubicación temporal

Etapa/nivel/curso	4º ESO	Competencia/s especifica/s y criterio/s de evaluación.	CE2 CdE 2.1, 2.2 y 2.3	Trimestre/evaluación	2º
Área o materia	Educación Física	Periodo aproximado de implementación (semanas)	8	Nº de sesiones	15
Saberes básicos	Bloques 3, 4 y 5				

Contexto de aplicación

La presente SdA se ubica en un centro de una ciudad de Valencia con una población aproximada de 50000 habitantes. Este centro abarca las etapas de primaria y secundaria, y en él estudian alrededor de 400 alumnos. El centro dispone de todas las instalaciones necesarias para la docencia, y concretamente para la Ed. Física posee tanto gimnasio como pista exterior. Además, está ubicado cerca de instalaciones deportivas municipales, lo cual conlleva la posibilidad de realizar convenios y utilizar dichas instalaciones para ampliar la oferta deportiva para el alumnado.

Las familias que conforman la comunidad educativa del centro se sitúan en un nivel socio-económico medio, medio-bajo.

El grupo-clase al que va dirigida es un 4º de la ESO y consta de 24 alumnos (10 chicos y 14 chicas). De todos ellos, cabe destacar un alumno con TDAH, para el cual se implementan las medidas DUA que aparecen en la tabla 7.

Tabla 3: ¿Qué se va a aprender en al SdA y qué importancia tiene cada aprendizaje?

Competencia/s Específica/s	Criterio/s de evaluación del currículo	Criterio/s de evaluación de la situación de aprendizaje	Indicadores y evidencias		La calificación
CE2 Resolver con éxito diferentes retos y situaciones motrices a través de propuestas físicas y deportivas específicas aplicando las técnicas, tácticas y estrategias de juego adecuadas.	2.1. Participar activamente y colaborar en la organización de juegos y actividades físicodeportivas favoreciendo el respeto, la tolerancia y el trabajo en equipo.	2.1.1. Participar activamente en el juego del rugby actuando con deportividad, reflexionar sobre su conducta y sobre el resultado de sus acciones motrices, y relacionarse con sus iguales favoreciendo el respeto, la tolerancia y el trabajo en equipo.	2.1.1.1. Participa activamente en el juego del rugby imagen con deportividad.	2.1.1.1.a. Realiza el gesto del tocado sin agresividad.	20% (repartido equitativamente)
				2.1.1.1.b. Cuando es tocado respeta inmediatamente la norma y pasa el balón a un compañero.	
				2.1.1.1.c. Evita conductas violentas.	
			2.1.1.2. Reflexiona, partir de los aspectos planteados por el profesor, sobre su conducta y la evolución de su aprendizaje a través del diario de sesiones.		20%
			2.1.1.3. Se relaciona durante el 3er tiempo con los oponentes haciendo uso del diálogo para felicitar, resolver de forma dialogada alguna acción del partido o para pedir disculpas por alguna acción durante el juego.		10%

2.2. Resolver con éxito diferentes situaciones reales de competición y cooperación a través de la aplicación de habilidades motrices específicas y de estrategias, por medio del fomento de la autogestión de la práctica de la actividad física y deportiva.	2.2.1. Resolver con éxito las situaciones-problema que surgen durante el juego de rugby imagen a través de la aplicación del reglamento, la técnica simplificada y de la asimilación de los elementos tácticos básicos propios de este juego (referencial de juego), mostrando capacidad para la autogestión.	2.2.1.1. Resuelve situaciones de ataque durante el juego del rugby imagen.	2.2.1.1a: Avanza hacia espacios libres, y si no los hay, busca al defensor para fijarlo y crear espacios.	20% (repartido equitativamente)
			2.2.1.1b: Hace pases útiles y no arbitrarios con ambas manos simultáneamente.	
			2.2.1.1c: Interpreta el referencial de juego (agrupado-desplegado) y actúa en consecuencia.	
			2.2.1.1d: Se sitúa detrás y cerca del portador del balón para apoyarlo.	
		2.2.1.2. Resuelve situaciones de defensa durante el juego del rugby imagen.	2.2.1.2a Corre hacia el portador del balón para recortar metros y realiza tocado con ambas manos.	10% (repartido equitativamente)
			2.2.1.2b Presiona para provocar errores en los atacantes.	
		2.2.1.3. Autogestiona su práctica deportiva.	2.2.1.3a Arbitra de forma ecuánime los partidos a raíz de entender y aplicar correctamente el reglamento.	10%

			10%
2.3. Valorar críticamente los aspectos culturales y sociales que rodean el fenómeno deportivo tomando conciencia de sus valores positivos y de los aspectos que generan desigualdad en diferentes contextos de actuación.	2.3.1. Identificar y describir los valores positivos del rugby imagen, así como sus diferencias respecto a otros deportes colectivos.	2.3.1.1. Identifica y describe los valores y aspectos propios y diferenciales del rugby tales como el tercer tiempo, la igualdad de oportunidades en la ejecución de penalizaciones y la honestidad del enfrentamiento respecto a otros deportes colectivos.	

Tabla 4. El sistema de evaluación. ¿Cómo se evaluarán y calificarán los aprendizajes?

Aprendizajes a evaluar	Evaluación inicial		
	Criterio de referencia	Prueba	Inst. de calificación
Actitudes y prejuicios hacia la práctica del rugby	2.1	Test inicial	Escala de puntuación
Filosofía y características diferenciales del rugby:	2.3	Test inicial	Escala de puntuación

Evaluación final /sumativa

Saberes/aprendizajes	Criterio/s que evalúa	Prueba/producto final	Instrumento de calificación	Valor en la situación de aprendizaje
Reglamento básico del rugby: ensayo, tocado, *avant, melé, touche*, descolocado, golpe de castigo.				
Aspectos técnicos básicos del rugby: familiarización con la pelota, pase a dos manos, tocado, *melé, touche, maul* modificado.	2.2.1	Campeonato	Rúbrica	40%
Aspectos tácticos básicos del rugby: avanzar, avanzar pasando, equidistancia escalonada, franja eficaz, fijar al defensor, apoyo, referencial de juego.				
Autorreflexión y análisis del propio comportamiento durante el juego.	2.1.1	Diario de prácticas	Rúbrica	20%
Filosofía y características diferenciales del rugby: oponente siempre de frente, disputa en situaciones concretas, tercer tiempo.	2.3.1	Ficha "Comparación Rugby Vs. Otros Deportes"	Rúbrica	10%

Respeto a las reglas: juego limpio en los distintos niveles de deporte y actividad física.	Campeonato	2.1.1.	Rúbrica	20%
Resolución dialogada y control emocional.	Campeonato	2.1.1.	Rúbrica	10%

Tabla 5. La relación entre la SdA y el perfil de salida de la etapa

Indicadores evaluados	Competencia clave (PS)	Descriptor (PS)
2.1.1.1. Participa activamente en el juego del rugby imagen con deportividad.	CC	CC1
2.1.1.2. Reflexiona sobre la evolución de su aprendizaje a través del diario de sesiones.	CPSAA	CPSAA1
2.1.1.3. Se relaciona durante el 3er tiempo con los oponentes para felicitar, resolver de forma dialogada alguna acción del partido o para pedir disculpas por alguna acción durante el juego.	CC	CC2
2.2.1.1. Resuelve situaciones de ataque durante el juego del rugby imagen.	CE	CE3
2.2.1.2. Resuelve situaciones de defensa durante el juego del rugby imagen.	CE	CE3
2.2.1.3. Autogestiona su práctica deportiva.	CC	CC2
2.3.1.1. Identifica y describe los aspectos propios y diferenciales del rugby frente a otros deportes colectivos.	CCEC	CCEC1

Tabla 6. Saberes básicos y saberes complementarios

Saberes básicos de la SdA	Bloque	Subbloque
Reglamento básico del rugby: ensayo, tocado, *avant*, descolocado, golpe de castigo.	3	3.2. Juegos y deportes
Aspectos técnicos básicos del rugby: familiarización con la pelota, pase a dos manos, tocado, *melé, touche, maul* modificado.	3	3.2. Juegos y deportes
Aspectos tácticos básicos del rugby: avanzar, avanzar pasando, equidistancia escalonada, franja eficaz, fijar al defensor, apoyo, referencial de juego.	3	3.2. Juegos y deportes
Autorreflexión y análisis del propio comportamiento durante el juego.	4	4. Autorregulación emocional e interacción social en situaciones motrices
Resolución dialogada y control emocional.	4	4.1. Habilidades sociales
Respeto a las reglas: juego limpio en los distintos niveles de deporte y actividad física.	4	4. Autorregulación emocional e interacción social en situaciones motrices
Filosofía y características diferenciales del rugby: oponente siempre de frente, disputa en situaciones concretas, tercer tiempo.	5	5.2. Deporte como manifestación cultural

A continuación se presentan las tablas que exponen las sesiones y actividades de la SdA. Tanto para esta SdA como para la siguiente, el lector tendrá a su disposición, en la nube de lectura, anexos con el desarrollo de cada una de las sesiones y con materiales necesarios para llevarlas a cabo. Para encontrarlos rápidamente, emplearemos una codificación de dos dígitos. El primer número será el de la sesión en la que se utilizará, el segundo el orden en el que se empleará dentro de la sesión. Por ejemplo: anexo 3.5 es un documento que emplearemos en la tercera sesión en 5° lugar.

Tabla 7. Secuencia didáctica de cada una de las sesiones de trabajo

	Saberes/Aprendizajes	Metodología/Acciones formativas	Agrup.	Espacio	Recursos (Personales y/o materiales)	Sesión nº: 1 (anexo 1) Crit/ Ind (Eval)	Ref DUA
25'	Evaluación inicial	- Pase del cuestionario inicial previo a la SdA con el objetivo de ahondar tanto en los conocimientos previos del alumno, por una parte, como en las percepciones, sensaciones, ideas previas y predisposición hacia la práctica del deporte del rugby (anexo 1.1). Se utiliza, en este caso, la web Socrative. - Exposición y tratamiento de los resultados a nivel grupal y sus posibles implicaciones durante el resto de clases de la SdA.	Individual	Aula	Ordenador o tablet Pizarra digital Test de evaluación inicial (anexo 1.1)	2.2.1.	3.2

| 30' | Presentación de la SdA: qué se pretende, cómo se va a abordar y qué "productos" se van a exigir. | -Exposición del funcionamiento de la SdA:

- El eje principal va a ser el juego: un juego simple al cual se le irán añadiendo reglas que irán complicando dicho juego y moldeándolo hacia lo que, finalmente, será un juego de rugby.

- Concreción por parte de profesor de los "productos finales" que deberán elaborar los alumnos:

- Diario de prácticas (anexo 1.2), que se evaluará a través de una rúbrica (anexo 1.3).

- Ficha de comparación del rugby con otros deportes (se trabajará en la sesión 10).

- Campeonato. | Individual | Aula | Ordenador o tablet

Pizarra digital

Diario de prácticas (anexo 1.2) |

⏱	Saberes/Aprendizajes	Metodología/Acciones formativas	Agrup.	Espacio	Recursos (Personales y/o materiales)	Crit/Ind (Eval)	Ref DUA
10'	-	Calentamiento	Individual	Pista exterior	-	-	
15'	Aspectos técnicos básicos del rugby: familiarización con la pelota	Juego de los 10 pases	Grupos de 6	Pista exterior	Pelota de rugby Petos Conos delimitadores del espacio	-	3.1 1.3
15'	Aspectos técnicos básicos del rugby: familiarización con la pelota	Juego de eliminación por turnos con la pelota	Grupos de 6	Pista exterior	Pelota de rugby Petos Conos delimitadores del espacio	-	3.1 1.3
15'		Vuelta a la calma. Exposición de sensaciones y diferencias percibidas respecto al uso de otros móviles.	Gran grupo	Pista exterior		-	3.2

Sesión nº: 2 (anexo 2)

⏰	Saberes/Aprendizajes	Metodología/Acciones formativas	Agrup.	Espacio	Recursos (Personales y/o materiales)	Sesión nº: 3 (anexo 3) Crit/Ind (Eval)	Ref DUA
10'	-	Calentamiento.	Individual/Gran grupo	Pista exterior	Pelota de rugby	-	
5'	-	Juego base. Objetivo: hacer llegar la pelota más allá de la línea de fondo del equipo contrario.	Grupos de 12	Pista exterior	Pelota de rugby Petos	2.1.1. 2.2.1.	3.1 1.3
10'	Reglamento de rugby: ensayo	Juego base + norma del ensayo.	Grupos de 12	Pista exterior	Pelota de rugby Petos	2.1.1. 2.2.1.	3.1 1.3
10'	Reglamento de rugby: ensayo, tocado. Aspectos técnicos básicos del rugby: tocado.	Juego base + norma del ensayo + norma del tocado.	Grupos de 12	Pista exterior	Pelota de rugby Petos	2.1.1. 2.2.1.	3.1 1.3
10'	Reglamento de rugby: ensayo, tocado y avant. Aspectos técnicos básicos del rugby: tocado.	Juego base + norma del ensayo + norma del tocado + norma del avant	Grupos de 12	Pista exterior	Pelota de rugby Petos	2.1.1. 2.2.1.	3.1 1.3

	Saberes/ Aprendizajes	Metodología/Acciones formativas	Agrup.	Espacio	Recursos (Personales y/o materiales)	Crit/ Ind (Eval)	Ref DUA
10'	Reglamento de rugby: ensayo, tocado y *avant*. Aspectos técnicos básicos del rugby: tocado. Autorreflexión y análisis del propio comportamiento durante el juego.	Vuelta a la calma. Discusión sobre problemas detectados. Recordatorio para la elaboración del diario del alumno.	Individual	Pista exterior	-	2.1.1.	3.2

Sesión nº: 4 (anexo 4)	Saberes/ Aprendizajes	Metodología/Acciones formativas	Agrup.	Espacio	Recursos (Personales y/o materiales)	Crit/ Ind (Eval)	Ref DUA
10'	Aspectos técnicos básicos del rugby: tocado	Calentamiento.	Individual/ Gran grupo	Pista exterior	Pelotas de rugby Conos	2.2.1.	
10'	Reglamento de rugby: ensayo, tocado y *avant*. Aspectos técnicos básicos del rugby: tocado. Respeto a las reglas: juego limpio en los distintos niveles de deporte y actividad física	Juego base con las reglas vistas hasta ahora (ensayo, tocado y *avant*).	Grupos de 6	Pista exterior	Pelota de rugby Petos.	2.1.1 2.2.1	3.1 1.3

Tiempo	Contenidos	Descripción	Agrupamiento	Espacio	Material		
10'	Reglamento de rugby: ensayo, tocado y *avant*. Aspectos tácticos básicos del rugby: avanzar, avanzar pasando, equidistancia escalonada, franja eficaz, apoyo. Aspectos técnicos básicos del rugby: pase a dos manos, tocado.	4x0 por toda la pista	Grupos de 4	Pista exterior	Pelota de rugby	2.1.1 2.2.1	3.1 1.3
5'	Reglamento de rugby: ensayo, tocado y *avant*. Aspectos tácticos básicos del rugby: avanzar, avanzar pasando, equidistancia escalonada, franja eficaz, apoyo. Aspectos técnicos básicos del rugby: pase a dos manos, tocado.	Ensayo en 4 pases sin oposición.	Grupos de 5	Pista exterior	Pelota de rugby	2.1.1 2.2.1	3.1 1.3
5'	Reglamento de rugby: ensayo, tocado y *avant*. Aspectos tácticos básicos del rugby: avanzar, avanzar pasando, equidistancia escalonada, franja eficaz, apoyo. Aspectos técnicos básicos del rugby: pase a dos manos, tocado.	Ensayo en 4 pases con oposición:	Grupos de 5	Pista exterior	Pelota de rugby	2.1.1 2.2.1	3.1 1.3

Tiempo	Contenidos	Actividad	Agrupamiento	Espacio	Material		
10'	Reglamento de rugby: ensayo, tocado y *avant*. Aspectos tácticos básicos del rugby: avanzar, avanzar pasando, equidistancia escalonada, franja eficaz, apoyo. Aspectos técnicos básicos del rugby: pase a dos manos, tocado. Respeto a las reglas: juego limpio en los distintos niveles de deporte y actividad física	Juego base con las normas vistas hasta ahora.	Grupos de 6	Pista exterior	Pelota de rugby Petos	2.1.1 2.2.1	3.1 1.3
5'	Reglamento de rugby: ensayo, tocado y *avant*. Aspectos técnicos básicos del rugby: tocado. Autorreflexión y análisis del propio comportamiento durante el juego.	Vuelta a la calma. Rutina de pensamiento: titulares. Recordatorio para la elaboración del diario del alumno.		Pista exterior	–		3.2

	Saberes/ Aprendizajes	Metodología/Acciones formativas	Agrup.	Espacio	Recursos (Personales y/o materiales)	Sesión nº: 5 (anexo 5)	
						Crit/ Ind (Eval)	Ref DUA
10'		Calentamiento: 4x0 por toda la pista (ejercicio de la sesión anterior).	Individual Grupos de 4	Pista exterior	Pelotas de rugby Conos	2.2.1.	
5'	Reglamento de rugby: ensayo, tocado y *avant*. Aspectos tácticos básicos del rugby: avanzar, avanzar pasando, equidistancia escalonada, franja eficaz, apoyo. Aspectos técnicos básicos del rugby: pase a dos manos, tocado. Respeto a las reglas: juego limpio en los distintos niveles de deporte y actividad física	Juego base con las normas vistas hasta ahora.	Grupos de 6	Pista exterior	Pelota de rugby Petos	2.1.1 2.2.1.	3.1 1.3

15'	Reglamento de rugby: ensayo, tocado y *avant*. Aspectos tácticos básicos del rugby: avanzar, avanzar pasando, equidistancia escalonada, franja eficaz, apoyo, fijar al defensor. Aspectos técnicos básicos del rugby: pase a dos manos, tocado. Respeto a las reglas: juego limpio en los distintos niveles de deporte y actividad física	2x1 en campo reducido y movimiento limitado del defensor.	Parejas	Pista exterior	Pelota de rugby / Conos	2.1.1 / 2.2.1. — 3.1 / 1.3
10'	Reglamento de rugby: ensayo, tocado y *avant*. Aspectos tácticos básicos del rugby: avanzar, avanzar pasando, equidistancia escalonada, franja eficaz, apoyo, fijar al defensor. Aspectos técnicos básicos del rugby: pase a dos manos, tocado. Respeto a las reglas: juego limpio en los distintos niveles de deporte y actividad física	2x1+(+1)(+1)... en campo reducido y movimiento limitado del defensor.	Parejas	Pista exterior	Pelota de rugby / Conos	2.1.1 / 2.2.1. — 3.1 / 1.3

10'	Reglamento de rugby: ensayo, tocado y *avant*. Aspectos tácticos básicos del rugby: avanzar, avanzar pasando, equidistancia escalonada, franja eficaz, apoyo, fijar al defensor. Aspectos técnicos básicos del rugby: pase a dos manos, tocado. Respeto a las reglas: juego limpio en los distintos niveles de deporte y actividad física	Juego base con las normas vistas hasta ahora.	Grupos de 6	Pista exterior	Pelota de rugby Conos Petos	2.1.1 2.2.1.	3.1 1.3
5'		Vuelta a la calma. Rutina de pensamiento: titulares. Recordatorio para la elaboración del diario del alumno.		Pista exterior			3.2

	Saberes/Aprendizajes	Metodología/Acciones formativas	Agrup.	Espacio	Recursos (Personales y/o materiales)	Sesión nº. 6 (anexo 6)	
						Crit/Ind (Eval)	Ref DUA
10'	Reglamento de rugby: ensayo, tocado y *avant*. Aspectos tácticos básicos del rugby: avanzar, avanzar pasando, equidistancia escalonada, franja eficaz, apoyo, fijar al defensor.	Calentamiento. 4xo por toda la pista.	Individual Grupos de 4	Pista exterior	Pelotas de rugby Conos		
5'	Aspectos técnicos básicos del rugby: pase a dos manos, tocado. Respeto a las reglas: juego limpio en los distintos niveles de deporte y actividad física.	Juego base con las normas vistas hasta ahora. Arbitraje por parte de alumnos.	Grupos de 6	Pista exterior	Pelota de rugby Petos	2.1.1. 2.2.1	3.1 1.3
10'	Aspectos técnicos básicos del rugby: *melé*.	Introducción de la *melé*. Ejercicios de asimilación.	Grupos de 5	Pista exterior	Pelota de rugby	2.2.1	3.1 1.3

Tiempo	Contenidos	Actividades	Agrupamiento	Espacio	Material		
10'	Aspectos técnicos básicos del rugby: *touche*.	Introducción de la *touche*. Ejercicios de asimilación.	Grupos de 7	Pista exterior	Pelota de rugby	2.2.1	3.1 1.3
10'	Reglamento de rugby: ensayo, tocado, *avant, melé y touche*. Aspectos tácticos básicos del rugby: avanzar, avanzar pasando, equidistancia escalonada, franja eficaz, apoyo, fijar al defensor. Aspectos técnicos básicos del rugby: pase a dos manos, tocado, *melé, touche*. Respeto a las reglas: juego limpio en los distintos niveles de deporte y actividad física.	Juego base con las normas vistas hasta ahora. Arbitraje por parte de alumnos.	Grupos de 6	Pista exterior	Pelota de rugby Petos	2.1.1. 2.2.1	3.1 1.3
10'		Vuelta a la calma. Rutina de pensamiento: titulares. Recordatorio para la elaboración del diario del alumno.	Individual	Pista exterior	–		3.2

	Saberes/Aprendizajes	Metodología/Acciones formativas	Agrup.	Espacio	Recursos (Personales y/o materiales)	Crit/Ind (Eval)	Ref DUA
						Sesión nº: 7 (anexo 7)	
10' (reloj)		Calentamiento. 4xo por toda la pista.	Individual Grupos de 4	Pista exterior	Pelota de rugby Conos		
10'	Reglamento de rugby: ensayo, tocado, *avant, melé y touche.* Aspectos tácticos básicos del rugby: avanzar, avanzar pasando, equidistancia escalonada, franja eficaz, apoyo, fijar al defensor. Aspectos técnicos básicos del rugby: pase a dos manos, tocado, *melé, touche.* Respeto a las reglas: juego limpio en los distintos niveles de deporte y actividad física	Juego base con las normas vistas hasta ahora. Arbitraje por parte de alumnos.	Grupos de 6	Pista exterior	Pelota de rugby Conos Petos	2.1.1 2.2.1	3.1 1.3
10'	Reglamento de rugby: descolocado y golpe de castigo.	Explicación e introducción del concepto "descolocado" y su sanción, el golpe de castigo.	Gran grupo	Pista exterior	Pelota de rugby Conos Petos	2.2.1	3.1 1.3

15'	Reglamento de rugby: ensayo, tocado, *avant, melé, touche* y golpe de castigo. Aspectos tácticos básicos del rugby: avanzar, avanzar pasando, equidistancia escalonada, franja eficaz, apoyo, fijar al defensor. Aspectos técnicos básicos del rugby: pase a dos manos, tocado, *melé, touche*. Respeto a las reglas: juego limpio en los distintos niveles de deporte y actividad física.	Juego base con las normas vistas hasta ahora. Arbitraje por parte de alumnos.	Grupos de 6	Pista exterior	Pelota de rugby / Petos	2.1.1 / 2.2.1	3.1 / 1.3
10'		Vuelta a la calma. Rutina de pensamiento: titulares. Recordatorio para la elaboración del diario del alumno.		Pista exterior			3.2

| ⏲ | Saberes/Aprendizajes | Metodología/Acciones formativas | Agrup. | Espacio | Recursos (Personales y/o materiales) | Sesión nº: 8 (anexo 8) | |
						Crit/Ind (Eval)	Ref DUA
10'		Calentamiento. 4x0 por toda la pista.	Individual Grupos de 4	Pista exterior			
10'	Reglamento de rugby: ensayo, tocado, *avant*, *melé*, *touche* y golpe de castigo. Aspectos tácticos básicos del rugby: avanzar, avanzar pasando, equidistancia escalonada, franja eficaz, apoyo, fijar al defensor. Aspectos técnicos básicos del rugby: pase a dos manos, tocado, *melé, touche*. Respeto a las reglas: juego limpio en los distintos niveles de deporte y actividad física.	Juego base con las normas vistas hasta ahora. Arbitraje por parte de alumnos.	Grupos de 6	Pista exterior	Pelota de rugby Petos	2.1.1 2.2.1	3.1 1.3

10'	Aspectos tácticos básicos del rugby: avanzar, avanzar pasando, equidistancia escalonada, franja eficaz, apoyo, fijar al defensor, **referencial de juego.** Actividades para asimilar el referencial de juego. Los atacantes deben adaptarse a la situación de los defensores: - Al lado derecho de la pista. - Al lado izquierdo de la pista. - Al centro de la pista - Distribuidos transversalmente al medio de la pista.	Grupos de 12	Pista exterior	Pelota de rugby Petos	2.1.1 2.2.1	3.1 1.3
10'	Aspectos técnicos básicos del rugby: *maul* modificado. Introducción al *maul* modificado. Ejercicios de asimilación.	Grupos de 7	Pista exterior	Pelotas de rugby	2.2.1.	3.1 1.3
	Reglamento de rugby: ensayo, tocado, *avant, melé, touche* y golpe de castigo. Aspectos tácticos básicos del rugby: avanzar, avanzar pasando, equidistancia escalonada, franja eficaz, apoyo, fijar al defensor, referencial de juego. Juego de rugby imagen con todas las normas. Arbitraje por parte de alumnos.	Grupos de 6	Pista exterior	Pelota de rugby Petos	2.1.1 2.2.1	3.1 1.3

Tiempo	Saberes/Aprendizajes	Metodología/Acciones formativas	Agrup.	Espacio	Recursos (Personales y/o materiales)	Crit/Ind (Eval)
10'	Aspectos técnicos básicos del rugby: pase a dos manos, tocado, *melé, touche, maul* modificado. Respeto a las reglas: juego limpio en los distintos niveles de deporte y actividad física.					
5'		Vuelta a la calma. Rutina de pensamiento: titulares. Recordatorio para la elaboración del diario del alumno.		Pista exterior		3.2

Sesión nº: 9 (anexo 9)	Saberes/Aprendizajes	Metodología/Acciones formativas	Agrup.	Espacio	Recursos (Personales y/o materiales)	Crit/Ind Ref DUA (Eval)
10'		Calentamiento. 4xo por toda la pista.	Individual Grupos de 4	Pista exterior		

Tiempo	Contenido	Actividad	Agrupamiento	Espacio	Materiales		
30'	Reglamento de rugby: ensayo, tocado, avant, melé, touche y golpe de castigo. Aspectos tácticos básicos del rugby: avanzar, avanzar pasando, equidistancia escalonada, franja eficaz, apoyo, fijar al defensor, referencial de juego. Aspectos técnicos básicos del rugby: pase a dos manos, tocado, melé, touche, maul modificado. Respeto a las reglas: juego limpio en los distintos niveles de deporte y actividad física.	Partidos para el afianzamiento de los últimos aprendizajes. Arbitraje por parte de alumnos.	Grupos de 6	Pista exterior	Pelota de rugby Petos	2.1.1 2.2.1	3.1 1.3
15'		Vuelta a la calma. Rutina de pensamiento: titulares. Recordatorio para la elaboración del diario del alumno. Entrega a los alumnos de la rúbrica que se utilizará en el campeonato (anexo 9.1).		Pista exterior	Rúbrica de evaluación para los alumnos (anexo 9.1)		3.2

Sesión nº: 10 (anexo 10)	Saberes/Aprendizajes	Metodología/Acciones formativas	Agrup.	Espacio	Recursos (Personales y/o materiales)	Crit/Ind (Eval)	Ref DUA
20'	Filosofía y características diferenciales del rugby: tercer tiempo.	Lectura del documento "El tercer tiempo en el rugby y sus valores fundamentales" Realización de un cuestionario	Individual	Aula	Documento "El tercer tiempo en el rugby y sus valores fundamentales" (anexo 10.1) Cuestionario (anexo 10.2)	2.3.1	1.3 1.2 3.2
20'	Filosofía y características diferenciales del rugby: oponente siempre de frente, disputa en situaciones concretas, tercer tiempo.	Realización de la ficha "Comparación rugby Vs Otros deportes"	Grupos de 3	Aula	Documento "Comparación rugby Vs Otros deportes" (anexo 10.3) Rúbrica evaluación de la ficha (anexo 10.4)	2.3.1	1.3 1.2 3.2
15'	-	Exposición por parte del profesor de las características, organización y gestión del campeonato.		Aula			1.2

	Saberes/Aprendizajes	Metodología/Acciones formativas	Agrup.	Espacio	Recursos (Personales y/o materiales)	Sesión nº: 11 (anexo 11)	
						Crit/Ind (Eval)	Ref DUA
10'		Calentamiento.	Individual Gran grupo	Pista exterior	Pelota de rugby Conos		
10'	Reglamento de rugby: ensayo, tocado, *avant*, *melé*, *touche* y golpe de castigo. Aspectos tácticos básicos del rugby: avanzar, avanzar pasando, equidistancia escalonada, franja eficaz, apoyo, fijar al defensor, referencial de juego. Aspectos técnicos básicos del rugby: pase a dos manos, tocado, *melé*, *touche*, *maul* modificado. Respeto a las reglas: juego limpio en los distintos niveles de deporte y actividad física.	Partido 1 E4-E3. Arbitran A1 y A7	Grupos de 6	Pista exterior	Pelota de rugby Petos Rúbrica de evaluación (anexo 9.1)	2.1.1 2.2.1	3.1 1.3

| 10' | Reglamento de rugby: ensayo, tocado, *avant, melé, touche* y golpe de castigo. Aspectos tácticos básicos del rugby: avanzar, avanzar pasando, equidistancia escalonada, franja eficaz, apoyo, fijar al defensor, referencial de juego. Aspectos técnicos básicos del rugby: pase a dos manos, tocado, *melé, touche, maul* modificado. Respeto a las reglas: juego limpio en los distintos niveles de deporte y actividad física. | Partido 2 E2-E1. Arbitran A13 y A19 | Grupos de 6 | Pista exterior | Pelota de rugby Petos Rúbrica de evaluación (anexo 9.1) | 2.1.1 2.2.1 | 3.1 1.3 |
| 10' | Reglamento de rugby: ensayo, tocado, *avant, melé, touche* y golpe de castigo. Aspectos tácticos básicos del rugby: avanzar, avanzar pasando, equidistancia escalonada, franja eficaz, apoyo, fijar al defensor, referencial de juego. Aspectos técnicos básicos del rugby: pase a dos manos, tocado, *melé, touche, maul* modificado. | Partido 3 E3-E1. Arbitran A8 y A20. | Grupos de 6 | Pista exterior | Pelota de rugby Petos Rúbrica de evaluación (anexo 9.1) | 2.1.1 2.2.1 | 3.1 1.3 |

	Saberes/Aprendizajes	Metodología/Acciones formativas	Agrup.	Espacio	Recursos (Personales y/o materiales)	Crit/Ind (Eval)	Ref DUA
15'	Respeto a las reglas: juego limpio en los distintos niveles de deporte y actividad física. Filosofía y características diferenciales del rugby: tercer tiempo. Resolución dialogada y control emocional.	Tercer tiempo	Gran grupo	Pista exterior	Rúbrica 3er tiempo (anexo 11.1)	2.1.1	3.2

Sesión n°: 12 (anexo 12)

	Saberes/Aprendizajes	Metodología/Acciones formativas	Agrup.	Espacio	Recursos (Personales y/o materiales)	Crit/Ind (Eval)	Ref DUA
10'		Calentamiento.	Individual Gran grupo	Pista exterior	Pelota de rugby Conos		
	Aspectos tácticos básicos del rugby: avanzar, avanzar pasando, equidistancia escalonada, franja eficaz, apoyo, fijar al defensor, referencial de juego.	Partido 4 E4-E2. Arbitran A2 y A14	Grupos de 6	Pista exterior	Pelota de rugby Petos Rúbrica de evaluación (anexo 9.1)	2.1.1 2.2.1	3.1 1.3

10'	Aspectos técnicos básicos del rugby: pase a dos manos, tocado, *melé, touche, maul* modificado. Respeto a las reglas: juego limpio en los distintos niveles de deporte y actividad física.						
10'	Reglamento de rugby: ensayo, tocado, *avant, melé, touche* y golpe de castigo. Aspectos tácticos básicos del rugby: avanzar, avanzar pasando, equidistancia escalonada, franja eficaz, apoyo, fijar al defensor, referencial de juego. Aspectos técnicos básicos del rugby: pase a dos manos, tocado, *melé, touche, maul* modificado. Respeto a las reglas: juego limpio en los distintos niveles de deporte y actividad física.	Partido 5 E2-E3. Arbitran A3 y A21	Grupos de 6	Pista exterior	Pelota de rugby Petos Rúbrica de evaluación (anexo 9.1)	2.1.1 2.2.1	3.1 1.3

10'	Reglamento de rugby: ensayo, tocado, *avant, melé, touche* y golpe de castigo. Aspectos tácticos básicos del rugby: avanzar, avanzar pasando, equidistancia escalonada, franja eficaz, apoyo, fijar al defensor, referencial de juego. Aspectos técnicos básicos del rugby: pase a dos manos, tocado, *melé, touche, maul* modificado. Respeto a las reglas: juego limpio en los distintos niveles de deporte y actividad física.	Partido 6 E1-E4. Arbitran A9 y A15	Grupos de 6	Pista exterior	Pelota de rugby Petos Rúbrica de evaluación (anexo 9.1)	2.1.1 2.2.1 — 3.1 1.3
15'	Filosofía y características diferenciales del rugby: tercer tiempo. Resolución dialogada y control emocional.	Tercer tiempo	Gran grupo	Pista exterior	Rúbrica 3er tiempo (anexo 11.1)	2.1.1 — 3.2

⏰	Saberes/Aprendizajes	Metodología/Acciones formativas	Agrup.	Espacio	Recursos (Personales y/o materiales)	Crit/Ind (Eval)	Ref DUA
							Sesión nº: 13 (anexo 13)
10'		Calentamiento.	Individual Gran grupo	Pista exterior	Pelota de rugby Conos		
10'	Reglamento de rugby: ensayo, tocado, *avant, melé, touche* y golpe de castigo. Aspectos tácticos básicos del rugby: avanzar, avanzar pasando, equidistancia escalonada, franja eficaz, apoyo, fijar al defensor, referencial de juego. Aspectos técnicos básicos del rugby: pase a dos manos, tocado, *melé, touche, maul* modificado. Respeto a las reglas: juego limpio en los distintos niveles de deporte y actividad física	Partido 7 E3-E4. Arbitran A4 y A10	Grupos de 6	Pista exterior	Pelota de rugby Petos Rúbrica de evaluación (anexo 9.1)	2.1.1 2.2.1	3.1 1.3

10'	Reglamento de rugby: ensayo, tocado, *avant, melé, touche* y golpe de castigo. Aspectos tácticos básicos del rugby: avanzar, avanzar pasando, equidistancia escalonada, franja eficaz, apoyo, fijar al defensor, referencial de juego. Aspectos técnicos básicos del rugby: pase a dos manos, tocado, *melé, touche, maul* modificado. Respeto a las reglas: juego limpio en los distintos niveles de deporte y actividad física	Partido 8 E1-E2. Arbitran A16 y A22	Grupos de 6	Pista exterior	Pelota de rugby / Petos / Rúbrica de evaluación (anexo 9.1)	2.1.1 / 2.2.1	3.1 / 1.3
10'	Reglamento de rugby: ensayo, tocado, *avant, melé, touche* y golpe de castigo. Aspectos tácticos básicos del rugby: avanzar, avanzar pasando, equidistancia escalonada, franja eficaz, apoyo, fijar al defensor, referencial de juego. Aspectos técnicos básicos del rugby: pase a dos manos, tocado, *melé, touche, maul* modificado.	Partido 9 E1-E3. Arbitran A11 y A23	Grupos de 6	Pista exterior	Pelota de rugby / Petos / Rúbrica de evaluación (anexo 9.1)	2.1.1 / 2.2.1	3.1 / 1.3

Saberes/Aprendizajes	Metodología/Acciones formativas	Agrup.	Espacio	Recursos (Personales y/o materiales)	Crit/Ind (Eval)	Ref DUA
Respeto a las reglas: juego limpio en los distintos niveles de deporte y actividad física Filosofía y características diferenciales del rugby: tercer tiempo. Resolución dialogada y control emocional.	Tercer tiempo	Gran grupo	Pista exterior	Rúbrica 3er tiempo (anexo 11.1)	2.1.1	3.2

					Sesión nº: 14 (anexo 14)	
Saberes/Aprendizajes	Metodología/Acciones formativas	Agrup.	Espacio	Recursos (Personales y/o materiales)	Crit/Ind (Eval)	Ref DUA
	Calentamiento.	Individual Gran grupo	Pista exterior	Pelota de rugby Conos		
Reglamento de rugby: ensayo, tocado, *avant, melé, touche* y golpe de castigo. Aspectos tácticos básicos del rugby: avanzar, avanzar pasando, equidistancia escalonada, franja eficaz, apoyo, fijar al defensor, referencial de juego.	Partido 10 E2-E4. Arbitran A5 y A17	Grupos de 6	Pista exterior	Pelota de rugby Petos Rúbrica de evaluación (anexo 9.1)	2.1.1 2.2.1	3.1 1.3

10'	Aspectos técnicos básicos del rugby: pase a dos manos, tocado, melé, touche, maul modificado.	Partido 1t E3-E2. Arbitran A6 y A24	Grupos de 6	Pista exterior	Pelota de rugby Petos Rúbrica de evaluación (anexo 9.1)	2.1.1 2.2.1	3.1 1.3
	Respeto a las reglas: juego limpio en los distintos niveles de deporte y actividad física						
	Reglamento de rugby: ensayo, tocado, avant, melé, touche y golpe de castigo.						
	Aspectos tácticos básicos del rugby: avanzar, avanzar pasando, equidistancia escalonada, franja eficaz, apoyo, fijar al defensor, referencial de juego.						
	Aspectos técnicos básicos del rugby: pase a dos manos, tocado, melé, touche, maul modificado.						
	Respeto a las reglas: juego limpio en los distintos niveles de deporte y actividad física						

10'	Reglamento de rugby: ensayo, tocado, *avant, melé, touche* y golpe de castigo. Aspectos tácticos básicos del rugby: avanzar, avanzar pasando, equidistancia escalonada, franja eficaz, apoyo, fijar al defensor, referencial de juego. Aspectos técnicos básicos del rugby: pase a dos manos, tocado, *melé, touche, maul* modificado. Respeto a las reglas: juego limpio en los distintos niveles de deporte y actividad física	Partido 12 E4-E1. Arbitran A12 y A18	Grupos de 6	Pista exterior	Pelota de rugby Petos Rúbrica de evaluación (anexo 9.1)	2.1.1 2.2.1	3.1 1.3
15'	Filosofía y características diferenciales del rugby: tercer tiempo. Resolución dialogada y control emocional.	Tercer tiempo	Gran grupo	Pista exterior	Rúbrica 3er tiempo (anexo 11.1)	2.1.1	3.2

	Saberes/Aprendizajes	Metodología/Acciones formativas	Agrup.	Espacio	Recursos (Personales y/o materiales)	Crit/ Ind (Eval)	Ref DUA
15'	Autorreflexión y análisis del propio comportamiento durante el juego.	Rutina de pensamiento: Antes pensaba... ahora pienso...	Individual	Aula	Ordenador o tablet / Pizarra digital / Ficha "Antes pensaba... Ahora pienso" (anexo 15.1)	2.1.1.	1.3 1.2 3.2
25'	Autorreflexión y análisis del propio comportamiento durante el juego.	Puesta en común de los resultados de la rutina.	Individual	Aula	Ordenador o tablet / Pizarra digital / Ficha "Antes pensaba... Ahora pienso" (anexo 15.1)	2.1.1.	1.3 1.2 3.2
15'		Valoración de la SdA y cierre	Grupal				

Sesión nº: 15 (anexo 15)

ANEXO 1. SESIÓN 1

PARTE INICIAL
En el aula, se les pasa a los alumnos el cuestionario inicial previo a la SdA con el objetivo de ahondar tanto en los conocimientos previos que puedan tener sobre el deporte del rugby, por una parte, como en las percepciones, sensaciones, ideas previas y predisposición hacia la práctica del deporte del rugby (anexo 1.1). Se utiliza, en este caso, la web Socrative, la cual proporciona resultados inmediatos de las respuestas de los alumnos.

PARTE PRINCIPAL
A continuación, se comentan los resultados a nivel grupal y sus posibles implicaciones durante el resto de clases de la SdA.
Seguidamente se informa a los alumnos del funcionamiento de la SdA.
Se les explicará que el eje principal va a ser el juego: un juego simple al cual se le irán añadiendo reglas que irán complicando dicho juego y moldeándolo hacia lo que, finalmente, será un juego de rugby.
Asimismo, se les informa de los "productos finales" que deberán elaborar, que serán: - el diario de prácticas, que deberán entregar la sesión posterior al término de la SdA (anexo 1.2). Este diario se evaluará a través de una rúbrica (anexo 1.3)   - la ficha de comparación del rugby con otros deportes (se trabajará en la sesión 10).   - el campeonato, donde demostrarán lo aprendido durante toda la SdA.

Anexo 1.1. Cuestionario inicial

1. ¿Has visto alguna vez algún partido de rugby?

   a. Si

   b. No

   c. Un partido entero no, pero he visto algún vídeo corto o trozos de partido

2. ¿Qué es lo primero que te viene a la cabeza al saber que vas a practicar rugby?

    a. Ilusión

    b. Miedo

    c. Curiosidad

    d. Me da igual

3. ¿Sabes qué tipo de pelota se utiliza en el rugby?

    a. Una esférica, como en el fútbol

    b. Una ovalada

    c. No lo sé

4. ¿Sabes dónde nació el deporte del rugby?

    a. Estados Unidos de América

    b. Francia

    c. Inglaterra

    d. Alemania

5. ¿Crees que el rugby es un deporte violento?

    a. Sí

    b. No

    c. No lo sé, nunca he visto un partido

SITUACIÓN DE APRENDIZAJE:

Rugby-imagen: Un Torneo Educativo para la Autorreflexión y el Crecimiento Personal

Nombre:

Curso:

PRESENTACIÓN

Este es un documento que pretende ayudarte a **pensar sobre lo que has hecho en el terreno de juego y a detectar posibles problemas** que puedan estar haciendo que te estanques y que no progreses en tu aprendizaje. Por tanto, tiene como objetivo la REFLEXIÓN, ya que pararnos a pensar un poco después de la práctica puede hacer que nos demos cuenta de cosas que quizás nos hubieran pasado desapercibidas en un primer momento.

El diario está dividido en **dos partes**, una primera dedicada a comprobar cómo de "limpio" es tu juego (fair play), y una segunda a profundizar en tu experiencia de aprendizaje.

El diario debe hacerse de manera REDACTADA, es decir, que no deben responderse a las preguntas planteadas como si fuera un examen.

Chequeo de comportamiento durante el juego

	Sí	No
¿He discriminado a algún compañero/a por su falta de habilidad o por su género? (Por ejemplo, un compañero/a estaba bien situado/a, pero no le he pasado porque he pensado que, como es poco hábil, fallaría o perdería la pelota)		
¿He cometido intencionadamente alguna acción agresiva?		
¿He continuado corriendo cuando me han hecho un tocado?		

Si has contestado afirmativamente a alguna de las preguntas anteriores, ¿te atreves a dar un "por qué"?

Ahora tendrás que hacer una pequeña reflexión atendiendo a las siguientes cuestiones, como mínimo (a partir de ahí, cada uno puede escribir lo que considere oportuno):

1. **¿Qué he aprendido hasta ahora** que no sabía antes?

2. **¿Qué es lo que más me está costando** durante el juego?

3. **¿Por qué** creo que puede ocurrir?

¿Se me ocurre alguna **manera de mejorarlo**?

Sensaciones, sentimientos, emociones, impresiones hacia la práctica del rugby en las sesiones realizadas hasta ahora.

Anexo 1.3. Rúbrica de evaluación del diario de prácticas

	NOVEL	APRENDIZ	AVANZADO	EXPERTO
	1	2	3	4
Diario de clase	No reflexiona sobre su conducta ni sobre su aprendizaje en el diario de sesiones	Reflexiona de manera superficial sobre su conducta y aprendizaje, con poca profundidad y análisis	Reflexiona de manera adecuada sobre su conducta y aprendizaje, identificando áreas de mejora y logros	Reflexiona de manera profunda y crítica sobre su conducta y aprendizaje, mostrando un claro entendimiento de su evolución y proponiendo acciones concretas para mejorar

ANEXO 2. DESARROLLO DE LA SESIÓN 2

Sesión Nº: 2	Duración sesión: 55 min.
Material: Pelota de rugby Petos	Nº Alumnos: 24

PARTE INTRODUCTORIA
Los alumnos se trasladarán a la pista exterior para realizar un breve calentamiento y proceder a realizar unos juegos con el fin de familiarizarse con la pelota de rugby, ya que esta presenta características claramente diferenciales que van a condicionar la práctica.
CALENTAMIENTO
1. Movilidad articular estática de las principales articulaciones en sentido descendente. 2. Fase de activación con carrera continua suave y cambios de desplazamiento: lateral, hacia atrás, cruzando piernas. 3. Estiramientos. 4. Subida de pulsaciones con consignas. Mientras trotan: - A la voz de uno: salto para llevar rodillas al pecho. - A la voz de dos: sprint de cuatro apoyos. - A la voz de tres: saltar y chocar manos con el compañero más próximo. - A la voz de cuatro: subirse a caballo del compañero más próximo.
PARTE PRINCIPAL
En primer lugar, se realizará el juego de los diez pases con la pelota de rugby. Para ello, se dividirá al grupo en 4 subgrupos, los cuales se enfrentarán, dos a dos, en cada mitad de la pista exterior. Normas: - Prohibido desplazarse si se tiene la pelota. - No se puede tocar a quien tenga la pelota, ni tampoco la pelota si está en posesión de alguien. Tan solo se pueden interceptar pases. - No se permite la repetición de pases (pasar a quien me ha pasado).

- Para que un pase sea válido, se tiene que "cantar" (verbalizar de forma clara el número de pase).

- En caso de que la pelota caiga al suelo, salga de los límites del terreno de juego, o sea tocada por un contrario, los pases acumulados desaparecerán y se reiniciará el conteo.

En segundo lugar, siguiendo con los subgrupos y los espacios anteriores, para cada equipo se establece un rol, bien sea equipo eliminador, o equipo que evita ser eliminado. Cada equipo —por turnos— intentará eliminar al equipo contrario tocándolo con la pelota. Se estipulará un tiempo, que podrá variar entre uno y tres minutos, y pasado dicho tiempo se detendrá el juego, se computarán los jugadores eliminados y cambiarán los roles. Ganará el equipo que haya conseguido eliminar más jugadores durante el tiempo estipulado.

Normas:

- Prohibido desplazarse con la pelota.

- Solo será válida la eliminación si la pelota contacta con alguien del equipo contrario y, además, en contacto con la mano del jugador eliminador. Es decir, que no será válida la eliminación si se lanza la pelota.

- No se permite bloquear la trayectoria del jugador que evita ser eliminado, ni tampoco se permitirá agarrar a los miembros del equipo contrario.

- El equipo que evita ser eliminado no puede interceptar la pelota ni entorpecer los pases del equipo eliminador.

VUELTA A LA CALMA

En la parte final, se realizarán estiramientos (principalmente de cuádriceps, isquiotibiales y gemelos).

Además, se comentarán las sensaciones respecto al manejo de la pelota de rugby.

ANEXO 3. DESARROLLO DE LA SESIÓN 3

Sesión N°: 3	Duración sesión: 55 min.
Material: Pelota de rugby Petos	N° Alumnos: 24

PARTE INTRODUCTORIA
Como primera información, se les recuerda a los alumnos (ya se les informó en la primera sesión) que el funcionamiento de esta SdA va a consistir en jugar a un juego básico, al cual van a ir añadiéndose reglas. Estas reglas van a ir modificando ese juego inicial, de manera que poco a poco va a ir transformándose en un juego muy parecido al rugby. Obviamente, con la inclusión de alguna de las normas, van a surgir problemas que ellos tendrán que resolver, y que algunas veces abordaremos (de forma excepcional) de manera analítica.

CALENTAMIENTO
A continuación, se procederá al calentamiento. Se deja a criterio del profesor/a los ejercicios que compondrán el calentamiento, aunque se aconseja incluir en éste consignas que utilicen la pelota.

PARTE PRINCIPAL	GRÁFICOS
Se empezará la sesión dividiendo a los alumnos en dos grupos (al principio se puede plantear de esta manera, aunque el número de jugadores por equipo sea elevado). No obstante, se deja a la elección del profesor/a el crear más grupos. Se juega en la pista exterior multideportiva, y se les explica a los alumnos que se trata de un juego de colaboración-oposición. A continuación, se informa a los alumnos del objetivo y normas del primer juego. - Objetivo: hacer llegar la pelota más allá de la línea de fondo del equipo contrario. - Normas: - Ambos equipos empiezan desde su línea de fondo. Después de cada punto, también inician el juego de esta manera (la posesión, en este caso, se cede al equipo que no ha puntuado). - Se pueden hacer pases y correr con el balón en las manos. - Si la pelota sale de banda, sacará el equipo contrario.	

Si el juego y los alumnos siguen por los derroteros habituales, los alumnos tenderán, al inicio (por la naturaleza misma de la SdA y por lo poco o mucho que puedan saber del rugby) a correr hacia delante con la pelota en las manos. A las pocas rondas, suele ser frecuente que algún alumno/a más espabilado descubra que, con las normas existentes, puede lanzar la pelota para que atraviese la línea de fondo contraria. En este punto, introduciríamos la siguiente norma:

- Para que el punto suba al marcador, la pelota debe llevarse más allá de la línea de fondo contraria, y la pelota debe tocar el suelo en contacto con la mano del jugador. Además, **ya no hablaremos de puntos, sino de ensayos**, de igual manera que **ya no será la línea de fondo, sino la línea de ensayo**.

A partir de este momento debemos estar muy atentos al desarrollo del juego, ya que es esperable que los alumnos más audaces y con más "poderío" físico tiendan a aprovechar las normas para correr con la pelota en las manos y avanzar. Ante esta situación, muchos alumnos protestarán ante la impunidad con la que obran estos alumnos, con lo que podemos aprovechar el momento para preguntarles por la necesidad de introducir una nueva norma, y cuál sería. Así pues, el siguiente paso sería introducir la **norma del tocado**, que quedaría de la siguiente manera:

- Cuando alguien sea tocado con ambas manos a ambos lados de las piernas de forma simultánea, éste deberá pararse y pasar la pelota a un compañero.

Se sigue el juego hasta que el profesor considere que es el momento idóneo para introducir la norma que lo transformará todo: el *avant*. Esta norma quedaría establecida de la siguiente manera:

- Queda prohibido pasar la pelota hacia delante.

No obstante, para entender esto, habría que explicar a los alumnos qué se considera "delante", y para ello deberíamos tener presente una línea imaginaria que atraviesa la pelota de forma transversal al campo de juego y paralela a las líneas de ensayo. De esta forma, y antes del momento del pase, esa línea es la que delimitará qué es delante y qué es detrás, de manera que hacer un pase por delante de dicha línea se consideraría *avant*. En el gráfico de la derecha se explica claramente este concepto, de manera que si el jugador 1 pasara la pelota al jugador 5 o al 3, estaría cometiendo *avant*.

De momento (más adelante esto cambiará), esta falta se penalizará otorgando la posesión al equipo contrario, que pondrá en juego la pelota desde el lugar donde se cometió el avant.

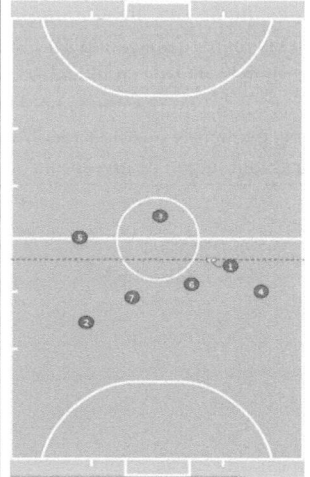

Juego base con las normas vistas hasta ahora.

VUELTA A LA CALMA

En la parte final, se realizarán estiramientos (principalmente de cuádriceps, isquiotibiales y gemelos).

Además de la parte de vuelta a la calma física, se hace ineludible una reflexión grupal sobre lo ocurrido durante la clase. Resaltaremos los principales problemas observados, y les forzaremos a concretar soluciones para esos problemas a través del descubrimiento guiado. Dichas soluciones son las que empezaremos a implementar en la siguiente sesión de una forma un poco más analítica.

CONSIDERACIONES

Respecto a la regla del tocado, su introducción es sencilla, pero su asimilación por parte de los alumnos no lo es. Esto quiere decir que al principio les va a costar mucho respetar esta norma, ya que los alumnos tenderán a seguir corriendo aunque les hayan tocado. Así pues, **el hecho de que se respete o no esta norma por parte de los alumnos dependerá de nosotros en gran medida**, lo que supone "cantar" el tocado **cada vez que se produzca**, así como hacer que continue el juego si un tocado no se ha realizado correctamente (aprovechando ese momento para enfatizar la realización correcta). **La figura del árbitro es fundamental para que esta norma se asimile y se asiente en el alumnado.**

A partir de la introducción del *avant*, lo habitual es que el juego se transforme en un pequeño caos de alumnos corriendo lateralmente o hacia atrás con la pelota en las manos (obligando así a sus compañeros a correr para colocarse detrás de él, perdiendo metros en el campo), de muchos pases hacia delante (cometiendo, así, *avants*), de equipos con la posesión de la pelota que quedan encerrados en un área muy pequeña y próxima a su línea de ensayo por no saber avanzar, y otras problemáticas que surgen de una situación completamente nueva y extraña para los alumnos.

ANEXO 4. DESARROLLO DE LA SESIÓN 4

Sesión Nº: 4	Duración sesión: 55 min.
Material: Pelota de rugby Petos Conos	Nº Alumnos: 24

PARTE INTRODUCTORIA
En esta sesión no habrá introducción verbal, sino que se irá directamente al calentamiento. Dado que la parte principal empezará con el juego tal y como se dejó en la última sesión (con una problemática importante), se aprovechará ese momento para la reflexión y el planteamiento de soluciones.
CALENTAMIENTO
Se deja a criterio del profesor/a los ejercicios que lo compondrán, aunque se aconseja incluir en éste consignas que utilicen la pelota. A modo de ejemplo, se propone el siguiente:
Todos los alumnos se mueven dentro de un cuadrado delimitado por conos, trotando. El cuadrado debe ser de un tamaño tal que permita una interacción cercana y eficiente. Se introducen algunas pelotas (una por cada tres alumnos, aproximadamente), y a partir de aquí se van dando las siguientes consignas:
- El que tenga pelota la deja en el suelo (ensaya), y el que no tenía recoge la más cercana.
- Quien no tenga pelota empuja (un empuje suave) al que sí tiene, y éste le entrega la pelota.
- El que tiene la pelota percute con el hombro (levemente) contra quien no tenga, y le entrega la pelota.
- El que no tiene la pelota hace tocado al que tiene, y éste le entrega la pelota.

PARTE PRINCIPAL	GRÁFICOS
La parte principal comienza con el **juego base**, de manera que vuelve a hacerse explícita la problemática surgida en la sesión anterior. Para facilitar tanto el juego de los alumnos como el arbitraje del profesor, se puede dividir el grupo en tres o cuatro equipos a criterio del docente, de manera que van rotando según el criterio del profesor (tiempo predeterminado, número de ensayos predeterminado, equipo ganador se queda, etc.).	

Una vez hechos patentes los problemas que tienen los alumnos para avanzar con la pelota, se aprovecha dicha situación para preguntarles por posibles soluciones, aunque la situación ideal sería aprovechar los momentos de juego en los que surge el problema (un alumno corriendo hacia detrás, un pase adelantado, compañeros situándose por delante de la pelota, etc.) para parar el juego y hacer hincapié en ello.

Una vez los alumnos tienen claro qué hacer, pero no cómo, es hora de pasar a aislar el problema y proponer situaciones analíticas que aborden la solución, para posteriormente reintegrar ésta en el juego global.

Probablemente algún lector ya se habrá percatado de que esta manera de abordar el aprendizaje deportivo se identifica con el modelo integrado de Devís (1992), que a su vez bebe del modelo para la enseñanza comprensiva del deporte planteada por Read (1988, citada en Devís, 1992).

Así pues, en este punto propondremos varias actividades para que los alumnos se acostumbren a esta nueva situación, en la que deben avanzar para conseguir el ensayo, pero no pueden pasar el balón hacia delante, ni tampoco deberían situarse (los que no tengan la pelota) por delante del compañero que la posea en ese momento.

4xo **por toda la pista**. Los alumnos, en grupos de 4 y avanzando continuamente, van pasándose la pelota por orden sin cometer *avant* (pelota en un extremo, van pasándola al del al lado), de manera que quien tiene la pelota acelera y pasa. Cuando el balón llega al último, este acelera para colocarse primero e iniciar de nuevo el ciclo. La actividad se realizará varias veces para que todos pasen por el rol de ser el primero, el último y los intermedios.

Las consignas que deben tener claras los alumnos son:

- Cuando tengo la pelota, acelero y paso.

- Cuando no tengo la pelota, me quedo detrás del portador.

- El pase debe realizarse con ambas manos simultáneamente.

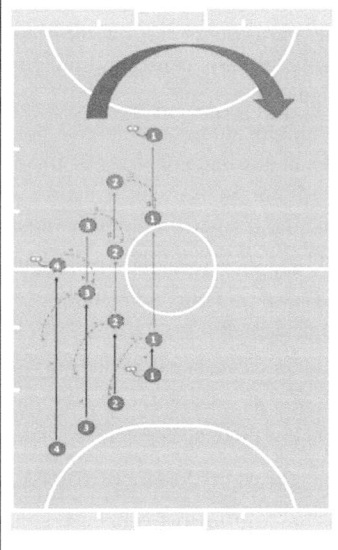

Ensayo en 4 pases sin oposición: Un grupo de 5 empieza desde su línea de ensayo. Una pelota por grupo. Se trata de ensayar en la línea de ensayo contraria en 4 pases, y debe hacerlo el último necesariamente. Se puede realizar varias veces modificando la velocidad de carrera.

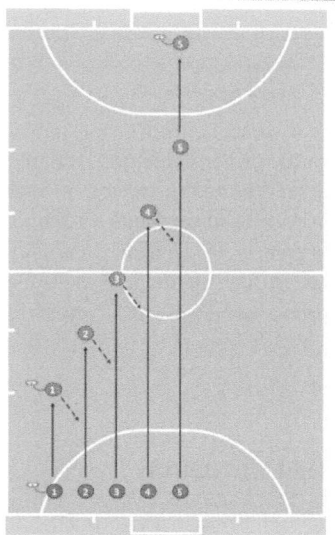

Ensayo en 4 pases con oposición: Un grupo de 5 atacantes y otro grupo de 4 defensores (estático y situados de manera escalonada longitudinalmente en la pista). Se trata de que el grupo atacante debe ensayar en la línea de ensayo contraria en 4 pases, los cuales han de darse antes de rebasar a los defensores.

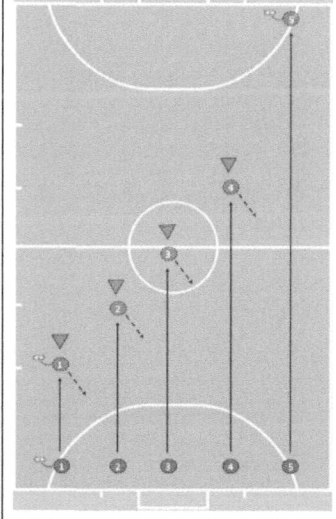

A continuación, se retomará el **juego base con las normas vistas hasta ahora** y la parte principal terminará con dicho juego, al cual se incorporará el aprendizaje adquirido en las actividades anteriores.

VUELTA A LA CALMA
En la parte final, se realizarán estiramientos (principalmente de cuádriceps, isquio-tibiales y gemelos). Se realizará también en este momento, por grupos de 6 (los equipos conformados), la **rutina de pensamiento "Titulares"**. Dicha rutina pretende que los alumnos identifi-quen y resuman las ideas principales de la experiencia de aprendizaje vivida durante la clase. La idea es que los estudiantes piensen en un titular de periódico que capture la esencia de lo que han aprendido en clase. Para ello, se les da un tiempo para que consensuen un titular. Dicho titular lo escribirán en su diario de prácticas, y cada día expondrá y defenderá su titular un grupo diferente. Además, se les recordará que deben completar el **diario de sesiones** de ese día.

REFERENCIAS:

Devís, J. (1992). *Nuevas perspectivas curriculares en Educación Física: la salud y los juegos modificados*. Inde.

ANEXO 5. DESARROLLO DE LA SESIÓN 5

Sesión Nº: 5	Duración sesión: 55 min.
Material: Pelota de rugby Petos Conos	Nº Alumnos: 24

PARTE INTRODUCTORIA
En este momento de la SdA, dado que solo llevan una sesión abordando específicamente la cuestión del avance, los alumnos aún evidencian muchos problemas en este aspecto. En la sesión anterior se plantearon actividades para trabajar, básicamente, la posición respecto al portador del balón y evitar el pase adelantado. En la presente sesión vamos a profundizar en el sentido y la opcionalidad del pase.
CALENTAMIENTO
Se deja a criterio del profesor/a los ejercicios que lo compondrán, aunque se aconseja incluir en éste consignas que utilicen la pelota. Además, se sugiere también que la última parte del calentamiento sea la actividad número 1 de la sesión anterior (4x0 por toda la pista), para así refrescar y consolidar el esquema básico de avance.

PARTE PRINCIPAL	GRÁFICOS
Juego base con las normas vistas hasta ahora*	
Después de jugar unas rondas y poner de manifiesto ciertas situaciones (como por ejemplo realizar un pase innecesario cuando tenía metros por delante sin ningún defensor, un alumno con pelota que recibe un tocado y no tenía a ningún compañero cerca para apoyarlo, o incluso compañeros que aún se sitúan por delante del portador del balón) vamos a plantear una actividad en la que todas estas carencias (y más) van a quedar expuestas descaradamente. La actividad es la siguiente:	
2x1 en campo reducido: dos atacantes fuera de un espacio delimitado por 4 conos, en medio del cual aguarda un defensor. El objetivo de los atacantes	

es ensayar en la línea de ensayo contraria, y la del defensor, evitarlo. Normas:

- Los atacantes están obligados a realizar, como mínimo, un pase dentro de los conos.

- El defensor solo puede moverse transversalmente (izquierda-derecha).

- Se aplican las normas del juego base: *avant*, tocado, etc.

- Los atacantes deben ensayar (realizar gesto correcto de ensayo) para que la actividad se dé por superada (no vale solo con pasar corriendo por encima de la línea de ensayo).

Los alumnos se organizan realizando una fila de parejas, que esperarán su turno delante del espacio delimitado por conos. Si la pareja atacante comete *avant*, si la pelota sale de banda (o por alguna de las líneas de ensayo) o si la situación se estanca y no progresa, abandonarán automáticamente el intento e irán al final de la fila. El defensor será cambiado periódicamente por el profesor/a. También hay que tener en cuenta que el rol de "alumno que empieza como portador" vaya cambiando dentro de la pareja.**

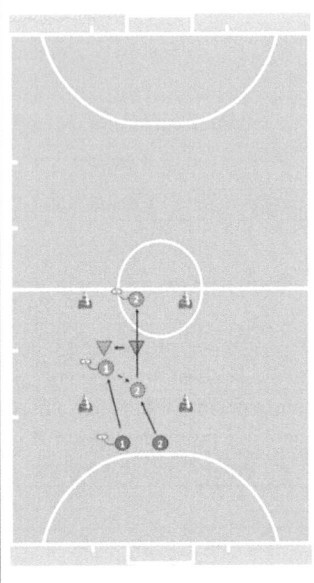

2x1+1(+1)(+1)... **en campo reducido**: se trata del mismo planteamiento que en la actividad anterior, pero sumando "módulos" de defensores. Observaremos las mismas consideraciones que antes.

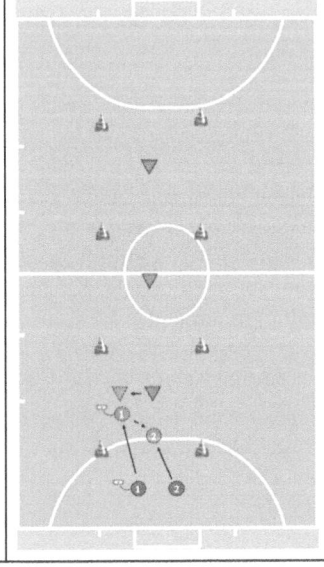

Juego base con las normas vistas hasta ahora.

VUELTA A LA CALMA

En la parte final, se realizarán estiramientos (principalmente de cuádriceps, isquiotibiales y gemelos).

Se realizará también en este momento, por grupos de 6 (los equipos conformados), la **rutina de pensamiento "Titulares"**. Dicha rutina pretende que los alumnos identifiquen y resuman las ideas principales de la experiencia de aprendizaje vivida durante la clase. La idea es que los estudiantes piensen en un titular de periódico que capture la esencia de lo que han aprendido en clase. Para ello, se les da un tiempo para que consensuen un titular. Dicho titular lo escribirán en su diario de prácticas, y cada día expondrá y defenderá su titular un grupo diferente.

Además, se les recordará que deben completar el **diario de sesiones** de ese día.

CONSIDERACIONES

* Se debería mantener la distribución de tres o cuatro equipos para facilitar tanto el juego de los alumnos como el arbitraje del profesor, con el sistema de rotación a criterio del profesor (tiempo predeterminado, número de ensayos predeterminado, equipo ganador se queda, etc.). Otra decisión que debería tomar el profesor/a es si mantiene a los mismos equipos durante todas las sesiones, o si se forman nuevos equipos cada sesión. Esta decisión es un pequeño dilema, ya que ambas soluciones son válidas, y ambas tienen aspectos tanto positivos como negativos.

** Al principio puede resultar que el ritmo de la clase se haga lento, porque únicamente hay planteado un espacio delimitado por conos. No obstante, en un primer momento (más adelante podríamos habilitar dos espacios) creemos necesario este planteamiento, ya que el feedback del profesor es esencial en este punto en que los alumnos aún tienen muchas dudas respecto a la elección de la respuesta correcta.

Lo que va a suceder durante el transcurso de esta actividad es, como se ha dicho anteriormente, que se van a explicitar las dificultades que tienen los alumnos a la hora de elegir la respuesta correcta al problema que se les plantea. Dichas dificultades quedan identificadas en estas situaciones:

- El alumno pasa la pelota de forma innecesaria, ya que no tiene a ningún defensor delante y podría haber avanzado más metros.

- Los alumnos siguen cometiendo muchos *avants*.

- Cuando pasan la pelota, lo hacen sin mirar, lo que provoca que fallen el pase.

- El portador de la pelota, al realizar el primer pase, continúa avanzando, de manera que se desentiende del juego y queda en posición de *avant* en el caso de necesitarlo el compañero.

- Cuando el portador de la pelota es tocado, se queda quieto y tarda mucho en pasarla al compañero, de manera que al defensor le da tiempo a ir a hacer tocado al receptor de la pelota.

- El alumno que no lleva la pelota no realiza un apoyo efectivo, ya que se sitúa lejos del portador y el pase resulta en una pérdida innecesaria de tiempo (que aprovechará el defensor para hacer tocado de nuevo) y de metros.

Así pues, a medida que los alumnos realizan más intentos, y gracias a las preguntas y orientaciones que realiza el profesor en el mismo momento en que ocurre una elección inadecuada de respuesta, el alumno va construyendo y consolidando la solución correcta al problema que supone superar al defensor y hacer ensayo, esto es, **fijar al defensor**. Esta respuesta correcta al problema quedaría concretada en:

- El portador avanza hasta que el defensor lo obliga a parar por tocado.

- En el mismo momento del tocado, el portador pasa la pelota al compañero. A continuación, se sitúa detrás y cerca de éste, por si necesitara ayuda.

- El compañero que recibe el pase lo hace en carrera y se sitúa cerca del portador, a una distancia en la que no se pierda demasiado espacio con el pase y a la vez no dé tiempo al defensor a llegar a defenderlo (**franja eficaz**).

Así pues, a medida que vayan transcurriendo los intentos, los alumnos resolverán el problema con mayor eficacia. Cuando esto suceda, se pueden proponer otras variantes que incrementen la dificultad, como las siguientes:

- 2x1+1(+1)(+1)... : Se trata de añadir a la estructura anterior (2x1 en espacio reducido) más módulos iguales, aumentando así la complejidad.

- 2x1 con movimiento libre del defensor. Además, se puede preestablecer la posición de salida de éste (desde el centro del cuadrado, de la esquina superior derecha/izquierda, etc.).

- Aumentar y diversificar el número de variables, como proponer un 3x2, variar el espacio para que la acción de desarrolle en campo ancho (facilita los ensayos) o estrecho, etc

ANEXO 6. DESARROLLO DE LA SESIÓN 6

Sesión Nº: 6	Duración sesión: 55 min.
Material: Pelota de rugby Petos Conos	Nº Alumnos: 24

CALENTAMIENTO
Se deja a criterio del profesor/a los ejercicios que lo compondrán, aunque se aconseja incluir en éste consignas que utilicen la pelota (ejemplo en sesión 4). Además, se sugiere también que la última parte del calentamiento sea la actividad número 2 de la sesión 4 (4x0 por toda la pista), para así afianzar el esquema básico de avance.

PARTE PRINCIPAL
Juego base con las normas vistas hasta ahora*. Desde esta sesión hasta el campeonato, el profesor debería aprovechar estos momentos de juego para ir asignando el rol de árbitro a los alumnos, de manera que, llegados los días de campeonato, todos los alumnos hayan pasado por el rol de árbitro. Durante este juego base, el profesor aprovechará la realización de algún *avant* por parte de alguno de los equipos para introducir la nueva penalización de éste, la *meleé***.

Una vez explicado esta nueva regla, se divide a los alumnos en grupos de cinco con los siguientes roles:

- Alumno ejecutor de meleé del equipo 1.
- Alumno ejecutor de meleé del equipo 2.
- Alumno introductor de la pelota.
- Alumno receptor de la pelota del equipo 1 (se situará detrás de su compañero para recibir la pelota en el caso de que éste la palmee por debajo de sus piernas).
- Alumno receptor de la pelota del equipo 2 (se situará detrás de su compañero para recibir la pelota en el caso de que éste la palmee por debajo de sus piernas).

Los alumnos realizarán varios intentos de meleé, y todos los alumnos deberán pasar por todos los roles.

El siguiente paso sería introducir la *touche****. Esta acción se produce cuando alguno de los dos equipos ha lanzado la pelota fuera de las líneas de banda, o cuando algún jugador portador del balón sale por ellas.

Así pues, para su asimilación, disponemos a los alumnos en grupos de 7 (un lanzador, un saltador de cada equipo, y dos ayudantes de cada equipo). Se distribuyen por la pista y practican la *touche*, de forma que todos los alumnos pasan por todos los roles (lanzador, saltador y ayudante de salto). Debe hacerse especial hincapié en el rol de ayudante, ya que este alumno debe ayudar al salto, pero **también debe hacerse cargo de su compañero durante la fase de caída** y no abandonarlo en el punto más alto, sino que debe acompañarlo hasta el suelo amortiguando así la caída.

Juego base con todas las normas vistas hasta ahora, incluidas la *meleé* y la *touche* ****.

VUELTA A LA CALMA

En la parte final, se realizarán estiramientos (principalmente de cuádriceps, isquiotibiales y gemelos).

Se realizará también en este momento, por grupos de 6 (los equipos conformados), la rutina de pensamiento "Titulares". Dicha rutina pretende que los alumnos identifiquen y resuman las ideas principales de la experiencia de aprendizaje vivida durante la clase. La idea es que los estudiantes piensen en un titular de periódico que capture la esencia de lo que han aprendido en clase. Para ello, se les da un tiempo para que consensuen un titular. Dicho titular lo escribirán en su diario de prácticas, y cada día expondrá y defenderá su titular un grupo diferente.

Además, se les recordará que deben completar el diario de sesiones de ese día.

CONSIDERACIONES

* Si el profesor/a detectara que los alumnos aún no han interiorizado los aspectos trabajados en la sesión anterior, se pueden repetir alguna de las actividades (como el 2x1 simple, o cualquiera de las otras variantes) para seguir trabajando en ello.

** La *meleé* es una penalización que se aplica cuando alguno de los dos equipos ha hecho un pase adelantado. Es decir, cuando un equipo comete *avant*, la sanción es realizar una meleé en el punto donde se ha cometido. Esta se ejecutará de la siguiente manera:

- Dos alumnos, uno de cada equipo, se sitúan cara a cara, con las piernas flexionadas y abiertas y la cadera flexionada sobre los 90º.

- Las cabezas están encajadas bajo el hombro del otro, de manera que sus espaldas están prácticamente en horizontal.

- Cada uno tiene la mano derecha encima de la espalda del otro, mientras que el brazo izquierdo queda libre para palmear la pelota por debajo de las piernas.

- La ejecución de la meleé será realizada por un alumno del equipo no infractor, quien introducirá la pelota entre los dos alumnos en posición, siempre por el lado izquierdo del alumno del equipo no infractor.

- La meleé solo será válida y se seguirá el juego cuando la pelota pase por debajo de las piernas de alguno de los jugadores. En caso contrario, se repetirá la meleé.

*** La *touche* se realizará de la siguiente forma:

Un alumno del equipo no infractor se sitúa fuera de la línea de banda, en el lugar por el que ha salido la pelota. Este alumno la lanzará al medio de un conjunto formado por seis alumnos, tres de cada equipo, situados a una distancia de unos 2m de la banda y orientados hacia ella. En cada subconjunto de alumnos, uno salta mientras que los otros dos ayudan al primero a saltar. Se trata de que los alumnos que saltan intenten palmear el balón hacia su campo, para que algún compañero lo recoja y prosiga el juego.

**** Cabe destacar que, en un primer momento, con la introducción de estas dos técnicas (meleé y *touche*) puede parecer que el juego se ralentiza, habiendo paradas continuas que "rompen" el juego. No obstante, cuando los alumnos han ejecutado un cierto número de *meleés* y *touches*, ya lo integran como rutina, saben perfectamente qué tienen que hacer y el juego fluye más.

Se realizará una reflexión sobre lo que suponen las nuevas normas. Tanto la *meleé* como la *touche* rompen con esquemas muy consolidados de, prácticamente, todos los demás juegos y deportes de invasión. Nos estamos refiriendo a que, ante una falta (*avant* y fuera de banda en este caso), en el resto de deportes se otorga la posesión directamente al equipo no infractor. En el caso del rugby, se rompe con esta dinámica porque la posesión se disputa entre ambos equipos, de manera que puede ganarla cualquiera de los dos.

ANEXO 7. DESARROLLO DE LA SESIÓN 7

Sesión Nº: 7	Duración sesión: 55 min.
Material: Pelota de rugby Petos Conos	Nº Alumnos: 24

CALENTAMIENTO
Se deja a criterio del profesor/a los ejercicios que lo compondrán, aunque se aconseja incluir en éste consignas que utilicen la pelota (ejemplo en sesión 4). Además, se sugiere también que la última parte del calentamiento sea la actividad número 2 de la sesión 4 (4xo por toda la pista), para así afianzar el esquema básico de avance.

PARTE PRINCIPAL	GRÁFICOS
Juego base con todas las normas vistas hasta ahora. Desde esta sesión hasta el campeonato, el profesor debería aprovechar estos momentos de juego para ir asignando el rol de árbitro a los alumnos, de manera que, llegados los días de campeonato, todos los alumnos hayan pasado por el rol de árbitro.	
Después de unas pocas rondas, y aprovechando alguna situación que dé pie a ello, se explicará tanto el concepto de **descolocado*** como su penalización, el **golpe de castigo****. Teniendo en cuenta dicho concepto, las situaciones que pueden señalarse como propicias para explicar estos conceptos podrían ser, entre otras: - Un alumno situado en campo contrario durante una touche o una meleé que recepciona el balón palmeado por el equipo contrario.	

- Un alumno defensor que, situado por delante de la pelota, intercepta un pase del equipo atacante.

- Un alumno defensor que, situado por delante de la pelota, realiza un tocado.

- Un alumno atacante que, situado por delante de la pelota, bloquea a un adversario para que su compañero pueda avanzar.

En la imagen de la derecha, tanto el jugador del círculo número 5 como el triángulo número 2 estarían en posición de descolocado, siempre y cuando intervinieran de forma decisiva en el juego.

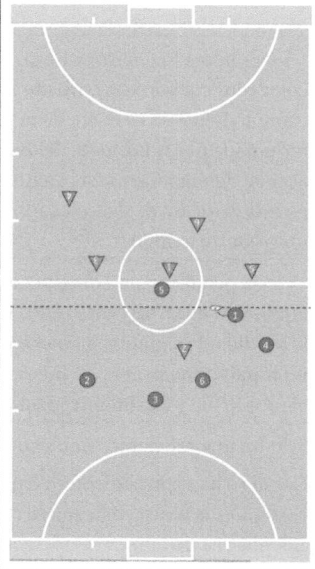

Juego base con todas las normas vistas hasta ahora, incorporando ahora la regla del descolocado.

Desde esta sesión hasta el campeonato, el profesor debería aprovechar estos momentos de juego para ir asignando el rol de árbitro a los alumnos, de manera que, llegados los días de campeonato, todos los alumnos hayan pasado por el rol de árbitro.

VUELTA A LA CALMA

En la parte final, se realizarán estiramientos (principalmente de cuádriceps, isquiotibiales y gemelos).

Se realizará también en este momento, por grupos de 6 (los equipos conformados), la rutina de pensamiento "Titulares". Dicha rutina pretende que los alumnos identifiquen y resuman las ideas principales de la experiencia de aprendizaje vivida durante la clase. La idea es que los estudiantes piensen en un titular de periódico que capture la esencia de lo que han aprendido en clase. Para ello, se les da un tiempo para que consensuen un titular. Dicho titular lo escribirán en su diario de prácticas, y cada día expondrá y defenderá su titular un grupo diferente.

Además, se les recordará que deben completar el diario de sesiones de ese día.

CONSIDERACIONES
* Siguiendo a Etxebeste y Joven (1989), un alumno se encuentra en posición de descolocado "cuando está situado al otro lado del lugar que le corresponde como atacante o defensor, es decir, de la línea imaginaria paralela a las líneas de marca y determinada por la posición del balón" (p.15). Esta posición lo inhabilita para cualquier acción, de manera que si el alumno interviene de forma decisiva en el juego estando en esta posición de descolocado (es decir, saca ventaja), dicha acción se penaliza con un golpe de castigo
** Esta penalización consiste en lo siguiente: se otorga la posesión directamente al equipo no infractor (es la única situación en la que se aplica esto) y, además, supone la pérdida de 5 metros para el equipo infractor. En este punto situado a 5m el equipo no infractor realizará una puesta en juego, es decir, tocar con el balón el suelo, luego el propio pie y finalmente jugarla a la mano (pasarla a un compañero).
Se hará una reflexión sobre lo que suponen las nuevas normas.
Como se ha expuesto anteriormente, la sanción aplicada al descolocado, el golpe de castigo, es la única en la que se entrega la posesión directamente al equipo contrario. Además, se penaliza con espacio, confiriéndole a éste una importancia crucial que no tiene en otros deportes.
Asimismo, esta norma del descolocado obliga a un enfrentamiento frontal, sin trampas ni cartón, en la que los dos equipos siempre se encuentran de cara (el equipo atacante debe estar siempre detrás de la pelota, mientras que el defensor estará delante). Esto comporta una filosofía de juego en la que la honestidad y la honradez tienen un peso importante.

REFERENCIAS:

Etxebeste, J. y Joven, A. (1989). *Rugby educativo*. Paper Kite.

ANEXO 8. DESARROLLO DE LA SESIÓN 8

Sesión Nº: 8	Duración sesión: 55 min.
Material: Pelota de rugby Petos Conos	Nº Alumnos: 24

CALENTAMIENTO
Se deja a criterio del profesor/a los ejercicios que lo compondrán, aunque se aconseja incluir en éste consignas que utilicen la pelota (ejemplo en sesión 4). Además, se sugiere también que la última parte del calentamiento sea la actividad número 2 de la sesión 4 (4xo por toda la pista), para así afianzar el esquema básico de avance.

PARTE PRINCIPAL	GRÁFICOS
Juego base con todas las normas vistas hasta ahora. Desde esta sesión hasta el campeonato, el profesor debería aprovechar estos momentos de juego para ir asignando el rol de árbitro a los alumnos, de manera que, llegados los días de campeonato, todos los alumnos hayan pasado por el rol de árbitro.	
En un momento dado, se para el juego para plantearles algunas situaciones que darán pie a introducir el concepto táctico que se pretende que aprendan en esta sesión: el **referencial de juego**. Para ello, se dividirá al grupo en dos equipos (dependiendo del número de alumnos que tengamos, esto podría suponer un problema, pero esta situación va a ser momentánea).	

Vamos a forzar ciertas situaciones para que el equipo atacante se adapte a las condiciones del juego, y para esto vamos a dar ciertas consignas al equipo defensor (sin que el equipo atacante las sepa). Se le explica al equipo atacante que vamos a jugar al juego global, por lo que su objetivo va a ser, obviamente, ensayar en la línea de ensayo contraria.

Ambos equipos salen desde sus líneas de ensayo, y las consignas que se van a dar al equipo defensor son las siguientes:

- En cuanto el equipo atacante inicie el ataque, el equipo defensor correrá a agruparse a la altura del centro del campo, en el lateral derecho (pero se quedará allí, sin defender).

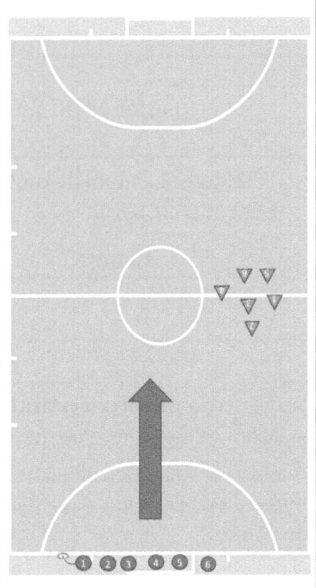

- En cuanto el equipo atacante inicie el ataque, el equipo defensor correrá a agruparse a la altura del centro del campo, en el lateral izquierdo (pero se quedará allí, sin defender).

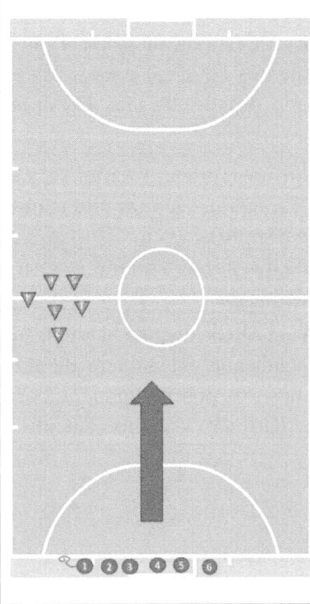

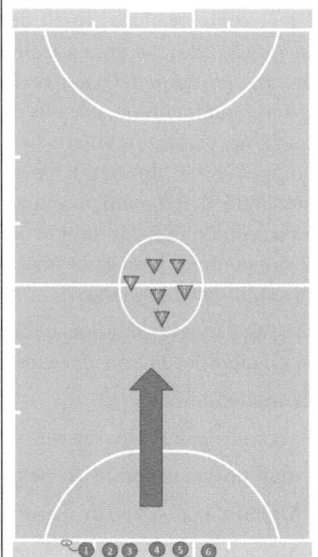

- En cuanto el equipo atacante inicie el ataque, el equipo defensor correrá a agruparse justo en el mismo centro del campo (pero se quedará allí, sin defender).

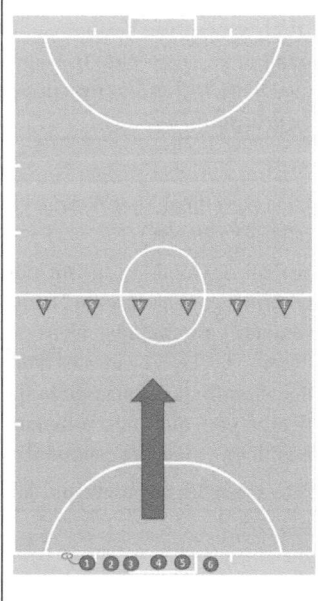

- En cuanto el equipo atacante inicie el ataque, el equipo defensor se desplegará transversalmente en el centro del campo, ocupando toda la anchura del campo de juego (ahora sí que defenderá, haciendo tocados)*.

Será en este momento cuando los alumnos se darán cuenta de que, si el equipo defensor se despliega de esta manera, y con el reglamento y las técnicas de que disponemos en la situación actual, el avance es prácticamente imposible. Sirviéndonos de esta situación les deberíamos proponer una serie de preguntas tales como:

- A la vista de esto (todos los componentes del equipo defensor distribuidos longitudinalmente a mitad del campo), ¿cuál creéis que es un objetivo primordial para el equipo atacante? Deberían llega a la conclusión de que sería **crear espacios vacíos.**

- ¿Y cómo puedo crear esos espacios? Acumulando defensores donde a mí me interese.

- ¿Y cómo podría hacer eso? Mediante el *maul* **modificado.**

Una vez planteada la última situación (en la que no pueden franquear la barrera de defensores), se pasa a explicar el *maul* **modificado**. Hasta ahora, cuando el alumno portador del balón recibía un tocado, debía pararse y pasar la pelota obligatoriamente. Ahora, además de la opción del pase, tiene otra alternativa, que es quedarse parado (y orientado hacia su propia línea de ensayo) y dejar que otro compañero se abrace a la pelota. Si esto ocurre, otros compañeros se podrán ir sumando al agrupamiento, cuya misión será, en primer lugar, emplazar al equipo contrario en el lugar que me interesa (para crear espacios libres), y en segundo lugar, empujar para ganar metros. A este agrupamiento se pueden sumar tantos jugadores como quieran**.

En este punto de la sesión, se divide a los alumnos en grupos de 7 para practicar el *maul* modificado, con los siguientes roles:

- Portador del balón.

- Alumno defensor que ejecuta el tocado.

- Alumno que se abraza a la pelota

- Alumnos que se suman al agrupamiento atacante (2).

- Alumnos que se suman al agrupamiento defensor (2).

A continuación, se vuelve al **juego base***** (al cual ya podemos llamar rugby) para integrar esta última pero decisiva opción del equipo atacante.

Desde esta sesión hasta el campeonato, el profesor debería aprovechar estos momentos de juego para ir asignando el rol de árbitro a los alumnos, de manera que, llegados los días de campeonato, todos los alumnos hayan pasado por el rol de árbitro.

VUELTA A LA CALMA

En la parte final, se realizarán estiramientos (principalmente de cuádriceps, isquiotibiales y gemelos).

Se realizará también en este momento, por grupos de 6 (los equipos conformados), la rutina de pensamiento "Titulares". Dicha rutina pretende que los alumnos identifiquen y resuman las ideas principales de la experiencia de aprendizaje vivida durante la clase. La idea es que los estudiantes piensen en un titular de periódico que capture la esencia de lo que han aprendido en clase. Para ello, se les da un tiempo para que consensuen un titular. Dicho titular lo escribirán en su diario de prácticas, y cada día expondrá y defenderá su titular un grupo diferente.

Además, se les recordará que deben completar el diario de sesiones de ese día.

CONSIDERACIONES
* El objetivo de la actividad es triple:
- En primer lugar, hacer a los alumnos conscientes de la necesidad de "leer" el juego, tanto individualmente como (sobre todo) como equipo. En eso mismo consiste el importantísimo concepto de **referencial de juego**, esto es, que en función de la situación en el campo de los defensores, los atacantes realizarán o bien un juego desplegado, o un juego agrupado.
- En segundo lugar, introducir el *maul* modificado, para poder así acumular adversarios donde me interese y crear nuevos espacios por los que avanzar.
- Y en último lugar, pero no por ello menos importante, darles la visión global de que el rugby es, en esencia, un deporte en el que se alternan, continuamente, el juego desplegado y el juego agrupado.
Esta acción ofensiva obligará a los defensores a responder, si no quieren perder metros. Así pues, una vez creado el *maul* por parte de los atacantes, los defensores también pueden ir sumando efectivos al agrupamiento para contrarrestar el avance de los atacantes. Es importante resaltar que **el empuje de los defensores debe ser únicamente como respuesta al empuje atacante. Si los defensores empujan antes que los atacantes, se sanciona con un golpe de castigo.
Asimismo, hay que destacar que todo empuje que se realice en esta situación de *maul* debe hacerse **por extensión de piernas**, y **no debe permitirse ninguna acción de empuje con brazos** o de cualquier otro tipo que ponga en riesgo la integridad de los alumnos.
*** En última instancia, trasladamos a los alumnos que, con esta última introducción, están preparados para jugar el torneo de rugby, fin último y producto final de esta situación de aprendizaje.

ANEXO 9. DESARROLLO DE LA SESIÓN 9

Sesión Nº: 9	Duración sesión: 55 min.
Material: Pelota de rugby Petos Conos	Nº Alumnos: 24

PARTE INTRODUCTORIA
Recordamos a los alumnos que el juego al que jugamos en la última sesión ya es el juego del rugby modificado. Asimismo, se les informa de que la presente sesión va a consistir en jugar con todas las reglas y técnicas, para que afiancen las mismas de cara a la celebración del campeonato.

CALENTAMIENTO
Se deja a criterio del profesor/a los ejercicios que lo compondrán, aunque se aconseja incluir en éste consignas que utilicen la pelota (ejemplo en sesión 4). Además, se sugiere también que la última parte del calentamiento sea la actividad número 2 de la sesión 4 (4x0 por toda la pista), para así afianzar el esquema básico de avance.

PARTE PRINCIPAL	GRÁFICOS
Se realizan partidos incluyendo todas las normas y técnicas. Los alumnos también van turnándose para realizar el arbitraje, según el criterio del profesor.	

VUELTA A LA CALMA
En la parte final, se realizarán estiramientos (principalmente de cuádriceps, isquiotibiales y gemelos). Se realizará también en este momento, por grupos de 6 (los equipos conformados), la rutina de pensamiento "Titulares". Dicha rutina pretende que los alumnos identifiquen y resuman las ideas principales de la experiencia de aprendizaje vivida durante la clase. La idea es que los estudiantes piensen en un titular de periódico que capture la esencia de lo que han aprendido en clase. Para ello, se les da un tiempo para que consensuen un titular. Dicho titular lo escribirán en su diario de prácticas, y cada día expondrá y defenderá su titular un grupo diferente. Además, se les recordará que deben completar el diario de sesiones de ese día.

CONSIDERACIONES
Al finalizar la clase, se les facilitará a los alumnos la rúbrica con la que serán evaluados durante los partidos del campeonato (anexo 9.1).

Anexo 9.1. Rúbrica de evaluación para los partidos

	NOVEL	APRENDIZ	AVANZADO	EXPERTO
	1	2	3	4
Gesto del tocado	Realiza el tocado de manera agresiva y con poca consideración por la seguridad del oponente	Realiza el tocado con cierta agresividad, pero sin llegar a ser peligroso	Realiza el tocado de manera controlada, con mínima agresividad	Realiza el tocado de manera completamente controlada y sin ninguna muestra de agresividad
Respeto norma tocado	Rara vez respeta la norma al ser tocado y frecuentemente sigue avanzando o retiene el balón en lugar de pasarlo a un compañero	A veces respeta la norma al ser tocado, pero puede tardar en pararse o pasar el balón	Generalmente respeta la norma al ser tocado y pasa el balón a un compañero con solo ocasionales retrasos	Siempre respeta la norma al ser tocado y pasa el balón inmediatamente a un compañero
Conductas violentas	Frecuentemente muestra conductas violentas y tiene dificultades para mantener el autocontrol. Muestra una falta de respeto constante hacia los demás participantes	A veces evita conductas violentas, pero puede mostrar comportamientos agresivos en situaciones de alta presión. El autocontrol y el respeto son inconsistentes	Generalmente evita conductas violentas, con raras excepciones. Muestra buen autocontrol y respeto	Siempre evita conductas violentas y muestra un alto autocontrol y respeto
Avanzar y fijar	El jugador rara vez avanza hacia espacios libres y no logra fijar al defensor cuando no hay espacios disponibles	El jugador a veces avanza hacia espacios libres, pero con frecuencia no logra fijar al defensor cuando no hay espacios disponibles	El jugador generalmente avanza hacia espacios libres y, en la mayoría de los casos, logra fijar al defensor cuando no hay espacios disponibles	El jugador siempre avanza hacia espacios libres de manera efectiva y fija al defensor cuando no hay espacios disponibles

Pases útiles	El jugador rara vez hace pases útiles y tiende a ser arbitrario en sus decisiones. Utiliza una sola mano la mayoría de las veces	El jugador hace pases útiles ocasionalmente, pero aún muestra inconsistencia y arbitrariedad en sus decisiones. Utiliza ambas manos, pero con poca eficacia	El jugador generalmente hace pases útiles y muestra una buena toma de decisiones. Utiliza ambas manos con eficacia en la mayoría de las situaciones	El jugador siempre hace pases útiles y toma decisiones acertadas. Utiliza ambas manos de manera efectiva y fluida en todas las situaciones
Apoyo al compañero/a con balón	El jugador rara vez se sitúa detrás del portador del balón y no mantiene una distancia adecuada para ofrecer apoyo efectivo	El jugador se sitúa detrás del portador del balón en algunas ocasiones, pero a veces está demasiado lejos, lo que dificulta el apoyo	El jugador generalmente se sitúa detrás y cerca del portador del balón, manteniendo una distancia adecuada para ofrecer apoyo, aunque puede cometer errores menores	El jugador siempre se sitúa detrás y cerca del portador del balón, manteniendo una distancia óptima para ofrecer apoyo efectivo en todas las situaciones
Interpretación del referencial de juego	El jugador rara vez interpreta correctamente el referencial de juego y no actúa de manera adecuada según la situación (agrupado o desplegado)	El jugador interpreta el referencial de juego en algunas ocasiones, pero a veces no actúa de manera coherente con la situación, lo que afecta la efectividad del juego	El jugador generalmente interpreta correctamente el referencial de juego y actúa en consecuencia, aunque puede cometer errores menores	El jugador siempre interpreta correctamente el referencial de juego y actúa de manera óptima según la situación (agrupado o desplegado) .
Recorta metros y tocado	El jugador rara vez corre hacia el portador del balón de manera efectiva y no logra hacer tocado con ambas manos.	El jugador corre hacia el portador del balón en algunas ocasiones, pero a veces no recorta metros o no hace tocado con ambas manos	El jugador generalmente corre hacia el portador del balón, recortando metros y haciendo tocado con ambas manos, aunque puede cometer errores menores	El jugador siempre corre hacia el portador del balón, recortando metros y haciendo tocado con ambas manos en todas las situaciones
Presión	El jugador rara vez presiona a los atacantes de manera efectiva y no logra provocar errores	El jugador presiona a los atacantes en algunas ocasiones, pero a veces no lo hace con suficiente intensidad o en el momento adecuado, lo que reduce la efectividad de la presión	El jugador generalmente presiona a los atacantes de manera efectiva, provocando errores con frecuencia	El jugador siempre presiona a los atacantes de manera óptima, provocando errores
Arbitraje	El jugador rara vez entiende o aplica correctamente el reglamento, lo que resulta en decisiones arbitrales inconsistentes y poco ecuánimes	El jugador entiende y aplica el reglamento en algunas ocasiones, pero a veces comete errores que afectan la equidad de sus decisiones arbitrales	El jugador generalmente entiende y aplica correctamente el reglamento, tomando decisiones arbitrales justas y ecuánimes, aunque puede cometer errores menores	El jugador siempre entiende y aplica correctamente el reglamento, tomando decisiones arbitrales justas y ecuánimes en todas las situaciones

ANEXO 10. DESARROLLO DE LA SESIÓN 10

Sesión Nº: 10	Duración sesión: 55 min.
Material: Pelota de rugby Petos Conos	Nº Alumnos: 24

PARTE INTRODUCTORIA
PARTE INICIAL
En esta sesión se les explica que, antes del campeonato, vamos a empaparnos un poco más del rugby y de su filosofía, ya que durante dicho campeonato vamos a llevar a la práctica una de las tradiciones más dignas de dicho deporte. Para ello, facilitaremos a los alumnos dos documentos sobre los que trabajaremos. El primero de ellos es "El tercer tiempo en el rugby y sus valores fundamentales" (anexo 10.1), el cual supone un breve resumen de qué es y qué supone el tercer tiempo del rugby. A continuación, realizarán de forma individual un breve cuestionario (anexo 10.2) para que afiancen los conceptos. El segundo documento es "Comparación rugby Vs Otros deportes" (anexo 10.3), con el cual trabajarán en grupos de 3 para consensuar, a partir de las orientaciones dadas en el documento, qué aspectos diferenciales posee el rugby frente a otros deportes de equipo (colectivos, o de invasión).
PARTE PRINCIPAL
Los alumnos, individualmente, leen el documento "El tercer tiempo en el rugby y sus valores fundamentales" (anexo 10.1) para, posteriormente, realizar un breve cuestionario de afianzamiento (anexo 10.2)*. A partir de lo aprendido en la lectura del documento "El tercer tiempo en el rugby y sus valores fundamentales", y teniendo en cuenta su experiencia personal durante las clases de la presente SdA, los alumnos (en grupos de 3) discuten las respuestas y contestan a las cuestiones planteadas en el documento "Comparación rugby Vs Otros deportes" (anexo 10.3)*. El profesor evaluará y calificará dicha actividad a través de una rúbrica (anexo 10.4). Breve puesta en común de las respuestas dadas.

A continuación, se procederá a explicar a los alumnos la organización y gestión del campeonato que se jugará a partir de la siguiente sesión.

La información que les trasladaremos será, básicamente, la siguiente:

- Se conformarán 4 equipos de 6 jugadores (E=equipo; A=alumno).

  - E1 ⇒ A1, A2, A3, A4, A5 y A6.

  - E2 ⇒ A7, A8, A9, A10, A11 y A12.

  - E3 ⇒ A13, A14, A15, A16, A17 y A18.

  - E4 ⇒ A19, A20, A21, A22, A23 y A24.

- El campeonato será en forma de liga de ida y vuelta, por lo que se jugarán un total de 12 partidos que quedarán dispuestos de la siguiente manera (P=partido; E=equipo; A=alumno):

  - P1 ⇒ E4-E3. Arbitran A1 y A7

  - P2 ⇒ E2-E1. Arbitran A13 y A19

  - P3 ⇒ E3-E1. Arbitran A8 y A20

  - P4 ⇒ E4-E2. Arbitran A2 y A14

  - P5 ⇒ E2-E3. Arbitran A3 y A21

  - P6 ⇒ E1-E4. Arbitran A9 y A15

  - P7 ⇒ E3-E4. Arbitran A4 y A10

  - P8 ⇒ E1-E2. Arbitran A16 y A22

  - P9 ⇒ E1-E3. Arbitran A11 y A23

  - P10 ⇒ E2-E4. Arbitran A5 y A17

  - P11 ⇒ E3-E2. Arbitran A6 y A24

  - P12 ⇒ E4-E1. Arbitran A12 y A18

- Cada día se jugarán 3 partidos, de manera que el campeonato durará 4 sesiones.

- Los partidos durarán 10 minutos, con dos mitades de 5 minutos.

- En cada partido arbitrarán dos alumnos de los equipos que no juegan en ese momento, uno durante cada mitad. De esta manera, al finalizar el campeonato habrán podido arbitrar todos los alumnos, ya que también se les va a evaluar este aspecto.

- Respecto a la puntuación, el partido ganado otorgará 3 puntos, el empatado 1 punto y el perdido 0 puntos.

- Al finalizar cada sesión de campeonato, se realizará un tercer tiempo. El profesor habilitará un espacio con mesas, vasos, agua, bebida isotónica y, si lo considera viable, algún *snack* saludable (fruta, frutos secos, etc.). Durante ese momento, los alumnos

aprovecharán para realizar las acciones indicadas en el documento leído en clase "El tercer tiempo en el rugby y sus valores fundamentales".
CONSIDERACIONES
*El profesor actuará como un guía durante la sesión, atendiendo las posibles dudas que surjan a los alumnos durante la realización de las tareas.

Anexo 10.1. El tercer tiempo en el rugby y sus valores fundamentales

El tercer tiempo en el rugby y sus valores fundamentales

Valores del Rugby

El rugby es un deporte que se rige por cinco códigos de conducta fundamentales:

1. Disciplina: Mantener el control y seguir las reglas del juego.

2. Respeto: Tratar a todos, incluidos los oponentes y árbitros, con consideración.

3. Diversión: Disfrutar del juego y fomentar un ambiente positivo.

4. Deportividad: Jugar limpio y con integridad.

5. Espíritu de equipo: Trabajar juntos y apoyar a los compañeros.

Estos valores se reflejan en acciones como disculparse por faltas, ayudar a los rivales a levantarse, no simular faltas, celebrar los puntos con respeto, y realizar el pasillo al final del encuentro.

Significado del Tercer Tiempo

El "tercer tiempo" es una tradición única en el rugby. Después del partido, el equipo local invita al equipo visitante a compartir comida y bebida. Este momento es crucial para:

- Reforzar lazos: Fortalecer las relaciones entre jugadores de ambos equipos.
- Confraternizar: Fomentar la amistad y el compañerismo.
- Suavizar resentimientos: Resolver cualquier tensión surgida durante el partido.

El tercer tiempo es una parte esencial del código de conducta del rugby, donde el rival es adversario (no enemigo) en el campo y compañero fuera de él.

Importancia del Tercer Tiempo

El tercer tiempo es un momento tradicional y distintivo del rugby, donde jugadores, técnicos y aficionados se reúnen después del partido para compartir, agradecer y limar asperezas. Es crucial para mantener los valores del rugby, como el respeto, la corrección y el juego limpio, y para forjar lazos de amistad duraderos.

Para entender el valor del tercer tiempo en el rugby, hay que tener en cuenta el espíritu de este deporte; un deporte donde el respeto por el rival, el honor, la deportividad, los valores y la fraternización son premisas fundamentales.

El tercer tiempo es el **momento del agradecimiento mutuo por haberse ayudado a disfrutar del juego, ya que sin adversario no hay juego.** Es el reconocimiento de alguna falta cometida y el momento de limar cualquier aspereza. Es el **momento en el que conocemos a la persona que encierra al jugador con el que acabamos de competir** duramente. Es el momento de forjar lazos de amistad que duran para siempre.

Valores del Tercer Tiempo

Los valores que sería deseable que resultaran de la celebración del tercer tiempo son:

- **Respeto:** Los jugadores se felicitan y reconocen el esfuerzo del oponente, independientemente del resultado del partido. Este valor es esencial para fomentar un ambiente de respeto mutuo.

- **Deportividad:** El tercer tiempo refuerza la importancia de jugar limpio y con integridad. Enseña a valorar la deportividad, lo cual puede ayudar a reducir conflictos y promover un juego justo.

- **Compañerismo:** Fomenta la camaradería y el sentido de pertenencia, ya que los jugadores de ambos equipos se reúnen y socializan. Este valor es crucial para construir un ambiente inclusivo y de apoyo en las clases.

- **Resolución de conflictos:** Durante el tercer tiempo, los jugadores tienen la oportunidad de dialogar y resolver cualquier malentendido o conflicto que haya surgido durante el juego. Este valor es muy útil para enseñar habilidades de comunicación y resolución de conflictos.

- **Humildad y gratitud:** Los jugadores aprenden a ser humildes en la victoria y agradecidos en la derrota. Este valor puede ayudar a los estudiantes a manejar mejor sus emociones y a desarrollar una actitud positiva frente a los desafíos.

- **Autoreflexión:** El tercer tiempo también es un momento para reflexionar sobre el desempeño personal y del equipo. Fomentar la autoreflexión puede ayudar a identificar fortalezas y áreas de mejora, promoviendo un aprendizaje continuo.

Y aquí tenéis el link a un vídeo en el que se explica brevemente, por parte de jugadores y jugadoras de rugby, en qué consiste y cuál es el significado del tercer tiempo.

https://www.youtube.com/watch?v=WwAr2wrtVuw

Además, tenéis que saber que, dado que vamos a celebrar un pequeño campeonato, al finalizar los partidos vamos a llevar a cabo este tercer tiempo. No obstante, en nuestro tercer tiempo vamos a ajustar todo lo que hemos leído en acciones sencillas y concretas, que serán:

- Felicitar a alguien por alguna actuación durante el encuentro.
- Pedir aclaraciones (de forma pacífica y dialogada) a alguien por alguna acción durante el juego.
- Pedir disculpas a alguien por alguna conducta inapropiada (antideportiva) durante el partido.
- Dar las gracias a compañeros y/o adversarios por haber hecho posible el juego.

REFERENCIAS:

Javaloyes, V. (2015). El tercer tiempo. Vicente Javaloyes. Recuperado el 2 de octubre de 2024, de https://www.vicentejavaloyes.com/blog/item/el-tercer-tiempo.html

Todorugby. (s.f.). ¿Qué es el tercer tiempo en rugby? Todorugby. Recuperado el 2 de octubre de 2024, de https://todorugby.es/que-es-tercer-tiempo-rugby/

García, G. (2011). El tercer tiempo en el rugby. Marca. Recuperado el 2 de octubre de 2024, de https://www.marca.com/2011/12/30/mas_deportes/rugby/1325244825.html

Burgos, M. E. (2022). El rugby, sus valores e historia a lo largo del tiempo. Todojujuy. Recuperado el 2 de octubre de 2024, de https://www.todojujuy.com/podcast/el-rugby-sus-valores-e-historia-lo-largo-del-tiempo-n221363

Anexo 10.2. Cuestionario de afianzamiento

Cuestionario sobre el Tercer Tiempo en Rugby

1. ¿Cuál es uno de los propósitos principales del «tercer tiempo»?

   o   a) Reforzar lazos entre jugadores

   o   b) Discutir las decisiones del árbitro

   o   c) Entrenar para el siguiente partido

2. ¿Qué se hace tradicionalmente durante el tercer tiempo en el rugby?

   o   a) Analizar tácticas de juego

   o   b) Compartir comida y bebida entre equipos

   o   c) Entrenar jugadas nuevas

3. Según el texto, ¿qué valor se fomenta al felicitar al oponente después de un partido?

   o   a) Competitividad

   o   b) Respeto

   o   c) Superioridad

4. ¿Qué valor del tercer tiempo ayuda a resolver malentendidos?

   o   a) Humildad

   o   b) Resolución de conflictos

   o   c) Autoreflexión

5. ¿Qué se fomenta al reunir a jugadores de ambos equipos después del partido?

   o   a) Rivalidad

   o   b) Compañerismo

   o   c) Aislamiento

6. ¿Qué se busca al reflexionar sobre el desempeño personal y del equipo durante el tercer tiempo?

   o   a) Identificar fortalezas y áreas de mejora

   o   b) Justificar errores

   o   c) Criticar a los compañeros

7. Según el texto, ¿qué debe ser el rival en el campo de juego?

   o   a) Un enemigo

   o   b) Un amigo

   o   c) Un adversario

8. Según el texto, ¿qué se promueve al ayudar a los rivales a levantarse en el juego?

   o   a) La debilidad del oponente

   o   b) El respeto y la deportividad

   o   c) La simulación de faltas

9. ¿Qué valor se destaca al celebrar los puntos con respeto durante un partido de rugby?

   o   a) El individualismo

   o   b) La deportividad

   o   c) La arrogancia

10. ¿Cuál es un valor clave que se busca reforzar al pedir disculpas por faltas cometidas durante el juego?

   o   a) La impunidad

   o   b) La disciplina y el respeto

   o   c) La indiferencia

11. ¿Qué representa el tercer tiempo en relación con la dualidad (atacante/defensor) de los jugadores en el rugby?

o   a) Que el rival siempre es enemigo

o   b) Que el rival es adversario en el campo y compañero fuera de él

o   c) Que los jugadores deben mantenerse separados

Anexo 10.3. Documento "Comparación rugby Vs Otros deportes"

Comparación rugby vs otros deportes

En este punto de la situación de aprendizaje ya has practicado y conocido mucho sobre el rugby. Como habrás comprobado durante todas las clases hasta ahora, el rugby es "un poco" diferente a otros deportes colectivos como fútbol, baloncesto, hockey, etc. Además, también habrás leído ya el documento en el que se explica qué es y en qué consiste el tercer tiempo.

Ahora vas a indagar un poco más, de manera que tendrás que comparar lo que conoces del rugby con los otros deportes de equipo que has practicado durante toda la ESO y concretar qué aspectos del rugby son completamente diferentes a los otros deportes de equipo. Has de redactar un máximo de tres aspectos diferenciales, y para ayudarte en ello, te proponemos varias preguntas sobre las que reflexionar:

-   Cuando me enfrento al otro equipo, ¿cómo están dispuestos espacialmente el equipo atacante y el defensor?

-   Tanto defensores como atacantes, ¿pueden situarse en el lugar del campo que quieran e interactuar como quieran?

-   ¿Cómo se tratan el fuera de banda y el "avant"? ¿Se aborda igual el fuera de banda en baloncesto, por ejemplo?

-   El tercer tiempo, ¿es exclusivo del rugby? ¿Crees que puede transmitir valores como compañerismo, respeto, humildad, gratitud, etc.?

Aspecto diferencial 1

Aspecto diferencial 2

Aspecto diferencial 3

Miguel Ángel Jiménez Rodríguez, Josep Esteve Furió Vayà y Mauro Alberola Albors

Anexo 10.4. Rúbrica de evaluación de la ficha

Alumno/a

	NOVEL	APRENDIZ	AVANZADO	EXPERTO
	1	2	3	4
Identificación de aspectos diferenciales y valores propios del rugby	No identifica ni describe los valores y aspectos propios del rugby	Identifica algunos valores y aspectos del rugby, pero con descripciones superficiales y comparaciones limitadas con otros deportes	Identifica y describe adecuadamente varios valores y aspectos propios del rugby, haciendo comparaciones claras con otros deportes colectivos	Identifica y describe de manera exhaustiva y precisa los valores y aspectos propios del rugby, destacando claramente sus diferencias y similitudes con otros deportes colectivos, y proporcionando ejemplos concretos

ANEXO 11. DESARROLLO DE LA SESIÓN 11

Sesión Nº: 11	Duración sesión: 55 min.
Material: Pelota de rugby Petos Conos	Nº Alumnos: 24

PARTE INTRODUCTORIA
Dado que en esta sesión se inicia el campeonato, el profesor dirigirá unas palabras a los alumnos para concienciarlos de que se trata de disfrutar del juego, que durante el campeonato no son enemigos sino compañeros-adversarios sin los cuales no sería posible el juego, y que se esfuercen por hacerlo bien, ya que se les va a evaluar según la rúbrica que se les entregó en la sesión 9 (anexo 9.1).
CALENTAMIENTO
Se realizará un calentamiento estándar previo a los partidos.
PARTE PRINCIPAL
Partido 1 E4-E3. Arbitran A1 y A7*.
Partido 2 E2-E1. Arbitran A13 y A19*
Partido 3 E3-E1. Arbitran A8 y A20*.
VUELTA A LA CALMA
Se realizará el tercer tiempo. El profesor habilitará un espacio con mesas, vasos, agua, bebida isotónica y, si lo considera viable, algún snack saludable (fruta, frutos secos, etc.). Durante ese momento, los alumnos aprovecharán para realizar una o varias de las acciones indicadas en el documento leído en clase "El tercer tiempo en el rugby y sus valores fundamentales"**.
CONSIDERACIONES
*El profesor evalúa tanto el partido como los arbitrajes a través de la rúbrica de evaluación (anexo 9.1). Es necesario matizar que, muy probablemente, no se va a poder evaluar a un alumno en un único partido. La evaluación será resultado del sumatorio de observaciones llevadas a cabo durante el campeonato.

Dado que cada equipo juega 6 veces, se recomienda distribuir las observaciones de manera equitativa. Por ejemplo, la primera vez que juega el equipo 1, observar específicamente a los alumnos 1 y 2. La segunda vez a los jugadores 3 y 4, la tercera a los jugadores 5 y 6, y las restantes veces se repetirá este ciclo; así nos aseguramos de que cada alumno es objeto de, al menos, dos observaciones.

** El profesor, por su parte, observará a los alumnos para evaluar la parte concerniente a la su conducta durante este tercer tiempo mediante rúbrica (anexo 11.1). Dado que van a ser 4 días de campeonato, se aconseja realizar la observación de 6 alumnos por día.

Las sesiones 12, 13 y 14 seguirán el mismo patrón que la presente sesión.

Anexo 11.1. Rúbrica de evaluación del 3er tiempo.

Alumno/a

	NOVEL	APRENDIZ	AVANZADO	EXPERTO
	1	2	3	4
Tercer tiempo	No participa en el tercer tiempo ni se relaciona con los demás	Participa mínimamente en el tercer tiempo, con interacciones limitadas y superficiales	Participa activamente en el tercer tiempo, felicita y dialoga sobre acciones del partido de manera respetuosa	Participa de manera ejemplar en el tercer tiempo, felicita, da las gracias, resuelve conflictos mediante diálogo y pide disculpas cuando es necesario

Miguel Ángel Jiménez Rodríguez, Josep Esteve Furió Vayà y Mauro Alberola Albors

ANEXO 15. DESARROLLO DE LA SESIÓN 15

Sesión Nº: 15	Duración sesión: 55 min.
Material: Ordenador/Tablet Pizarra digital	Nº Alumnos: 24

PARTE INICIAL
Se les explica a los alumnos que en la presente sesión vamos a reflexionar y a valorar todo lo que hemos aprendido durante la SdA. Para ello, utilizaremos una rutina de pensamiento llamada "Antes pensaba... Ahora pienso"*.
PARTE PRINCIPAL
En un primer momento, los alumnos (de forma individual) realizan la rutina en base a los puntos facilitados en el documento "Antes pensaba... Ahora pienso".
Es importante recordarles que, durante la SdA, han ido reflexionando en su diario de prácticas, por lo que pueden basarse en él para plasmar ahora sus reflexiones.
A continuación, los alumnos, por turnos, exponen a la clase sus reflexiones.
PARTE FINAL
Por último, el profesor hace una valoración general de la SdA, dando feedback positivo a los alumnos y abriendo el turno de palabra para que los alumnos planteen mejoras o sugerencias de cara a próximas aplicaciones.
CONSIDERACIONES
* Es una rutina que pretende fomentar la capacidad de los estudiantes para reflexionar sobre su propio pensamiento y cómo ha cambiado. Esto ayuda a consolidar el aprendizaje y a hacer visible el progreso tanto intelectual como motriz. Los pasos para implementarla serían:
- Introducción del tema sobre el que reflexionar: en este caso, se trata de la experiencia vivida a través de la SdA del rugby modificado.
- Primera reflexión: se pide a los alumnos que escriban lo que pensaban (sentían, creían, opinaban, percibían, etc.) antes de profundizar en él (antes de la SdA).

- Segunda reflexión: se solicita a los estudiantes que reflexionen sobre lo que ahora piensan sobre el tema. Deben escribir cómo ha cambiado su pensamiento, qué nuevas ideas han surgido y qué han aprendido.

- Puesta en común y discusión: los alumnos comparten sus reflexiones, guiados por el profesor.

Anexo 15.1. Ficha "Antes pensaba... Ahora pienso"

Antes pensaba... Ahora pienso

Lo quieras o no, el rugby ha entrado en tu vida. Así que ahora hay un antes y un después (del rugby, claro).

En esta clase vamos a trabajar sobre ello, y vamos a acordarnos **de lo que pensabas antes** de aprender a jugar, y **lo que piensas ahora** que ya hemos terminado la SdA. Te recuerdo que no partes de cero, ya que, durante gran parte de la SdA, has estado reflexionando sobre esto en el diario de prácticas. Ahora se trataría de hacer un resumen y de organizarlo en los puntos que se concretan a continuación.

Para ello, te pido que reflexiones sobre:

1. Qué pensabas (creías, opinabas, sentías...) **antes de la SdA** respecto a:

    a. La violencia en el rugby.

    b. Los valores en el rugby.

    c. Tu propio nivel de juego.

2. Qué pensabas (creías, opinabas, sentías...) **después de la SdA** respecto a:

    d. La violencia en el rugby.

    e. Los valores en el rugby.

    f. Tu propio nivel de juego.

SITUACIÓN DE APRENDIZAJE PARA 2° DE BACHILLERATO

Plantilla para el diseño de situaciones de aprendizaje

Tabla 1. Título de la SdA

Moviéndonos Juntos: Programa Intergeneracional de Actividad Física
Presentación de la SdA: Esta situación de aprendizaje pretende formar a los alumnos en la promoción y práctica de la actividad física en las personas de la tercera edad, de manera que conozcan todas sus características y determinen el modo de actuación con este colectivo. En ella, van a aprender a gestionar un grupo de personas específico, así como a crear un programa básico de actividad física. Este programa va a ser el gran producto final que deberán elaborar los alumnos.
Asimismo, se pretende que los alumnos aprendan a difundir las actuaciones realizadas con el fin de promover la práctica física en el ámbito de la tercera edad.
Por último, pero no menos importante, esta es una situación cargada de significatividad para la introducción de los alumnos en el mundo laboral relacionado con la actividad física y deportiva, y los prepara para tratar con grupos de personas con un perfil determinado. Además, adquieren competencias sociales y emprendedoras muy útiles y necesarias para el día a día, tales como la escucha activa y la empatía.

Tabla 2. Marco curricular y contexto de aplicación

Identificación curricular y ubicación temporal

Etapa/nivel/curso	2º Bachillerato			Trimestre/evaluación	1er/1ª
Área o materia	Educación Física	Competencia/s especifica/s y criterio/s de evaluación.	CE1 y CE2 CEV. 1.1, 1.2, 1.3 y 2.3	Periodo aproximado de implementación (semanas)	4 semanas
		Saberes básicos y otros	BLOQUES 1, 2 y 3	Nº de sesiones	10

Contexto de aplicación

En relación al contexto, es importante recalcar que la SdA se va a basar en la actual ley educativa (LOMLOE 3/2020), y se concretará tanto en su Real Decreto 243/2022, como específicamente en el Decreto 108/2022 ya que esta propuesta didáctica está pensada para llevarse a cabo en un centro de la Comunidad Valenciana. A este centro asisten alrededor de 400 alumnos de ESO y Bachillerato, y posee todas las instalaciones pertinentes para el normal desarrollo de la asignatura de Educación Física. Además, el centro está ubicado no muy lejos de un centro de día para la tercera edad, lo cual resulta fundamental para la realización de la presente SdA.

El grupo clase está compuesto por 25 alumnos. Es un grupo heterogéneo, todos con diferentes intereses, motivaciones y capacidades, de los cuales 12 son chicos y 13 chicas. Como caso singular, en clase convive un niño con hemiplejia que va en silla de ruedas con movilidad reducida. Es una persona que se puede desenvolver de igual forma que sus compañeros, salvo en determinadas situaciones motrices.

Tabla 3. ¿Qué se va a aprender en al SdA y qué importancia tiene cada aprendizaje?

Competencia/s Específica/s	Criterio/s de evaluación del currículo	Criterio/s de evaluación de la situación de aprendizaje	Indicadores y evidencias	La calificación
CE 1 Implementar y valorar un programa de actividad física y deportiva saludable, adecuado a las características personales y dirigido al bienestar físico, mental y social.	CEV 1.1. Aplicar de manera autónoma un programa de actividad física adecuado al nivel de condición física y a las necesidades e intereses propios y valorar los componentes que contribuyen al bienestar físico, mental y social	1.1.1. Diseñar y aplicar de manera autónoma un programa de actividad física adecuado al nivel de condición física y a las necesidades e intereses propios de la tercera edad.	1.1.1. Diseña autónomamente un programa de actividad física adecuado al nivel de condición física y a las necesidades e intereses propios de la tercera edad.	70% (repartido equitativamente)
			1.1.1.a. Selecciona ejercicios y actividades adecuados para la tercera edad	
			1.1.1. b. Justifica la adecuación de los ejercicios y actividades	
			1.1.1.b. Elabora sesiones respetando sus partes	
		1.1.2. Aplica autónomamente un programa de actividad física adecuado al nivel de condición física y a las necesidades e intereses propios de la tercera edad	1.1.2. a. Realiza una demostración práctica para una mejor comprensión	
			1.1.2. b. Utiliza un lenguaje claro y accesible	
			1.1.2. c. Motiva y anima a las personas mayores a participar y mantenerse activas durante las sesiones	
			1.1.2. d. Muestra empatía, paciencia y comprensión durante las sesiones	

Diseño curricular de situaciones de aprendizaje. Guía didáctica 175

CE	CEV	Indicador	Descriptor	%
	CEV 1.2. Difundir propuestas de intervención de actividades físicas y hábitos saludables, dentro y fuera del centro.	1.2.1. Difundir la actividad realizada con las personas de la tercera edad en redes sociales.	1.2.1.1. Difunde la actividad realizada con las personas de la tercera edad en redes sociales.	10%
	CEV 1.3. Identificar y valorar los componentes de un estilo de vida saludable en el ámbito educativo y el ámbito socio-familiar, discriminando las conductas de riesgo para la salud física, mental y social.	1.3.1. Identifica y valora los componentes de un estilo de vida saludable en el ámbito de la tercera edad, discriminando las conductas de riesgo para la salud física, mental y social.	1.3.1.1. Identifica los componentes de un estilo de vida saludable (a nivel físico, mental y social) y las conductas de riesgo en personas de la tercera edad a través de la elaboración de un informe.	15%
CE 2 Planificar y promover situaciones físico-deportivas aplicando los elementos técnicos, tácticos y reglamentarios adecuados.	CEV 2.3. Promover situaciones de actividad física y deportiva en diferentes contextos atendiendo a los elementos inherentes de justicia social como la participación y la igualdad de oportunidades.	2.3.1. Promover situaciones de actividad física y deportiva en el contexto de la tercera edad atendiendo a la participación y la igualdad de oportunidades.	2.3.1.1. Promueve un programa de actividad física para la tercera edad atendiendo a la participación y la igualdad de oportunidades.	5%

Tabla 4. El sistema de evaluación. ¿Cómo se evaluarán y calificarán los aprendizajes?

Saberes/aprendizajes	Evaluación final /sumativa			
	Criterio/s que evalúa	Prueba/producto final	Instrumento de calificación	Valor en la situación de aprendizaje
Características de las actividades físicas saludables en la 3ª edad. Inclusividad en el mundo del deporte, la actividad física y el ocio activo. Valoración de la actividad física y el deporte como componentes resolutivos de estados depresivos	CEV 1.3	**Informe** de las características de la actividad física en personas de la tercera edad (riesgos, orientaciones metodológicas, ejercicios desaconsejados, características...).	Lista de Chequeo	15%
Actividades y dinámicas de animación sociocultural. Características de las actividades físicas saludables en la 3ª edad	CEV 1.1	**Documento** con el diseño y planificación de las sesiones prácticas	Rúbrica	30%
Gestión de Materiales y espacios. Actividades y dinámicas de animación sociocultural. Control y Gestión de las Emociones. Interacción y habilidades sociales: escucha activa, diálogo...	CEV 1.1	**Exposición práctica** de las sesiones de actividad física con los residentes	Rúbrica	40%

Creación y cuidado de contenidos.	CEV 1.2 y 2.3	Creación de una noticia en la web del centro sobre la actividad llevada a cabo y **difusión** en redes sociales y medios de comunicación.	Lista de Chequeo	15%

Tabla 5. La relación entre la SdA y el perfil de salida (PS) de la etapa

Indicadores evaluados	Competencia clave (PS)	Descriptor (PS)
1.1.1.1. Diseña autónomamente un programa de actividad física adecuado al nivel de condición física y a las necesidades e intereses propios de la tercera edad.	**Competencia emprendedora**	CE3. Lleva a cabo el proceso de creación de ideas y soluciones innovadoras y toma decisiones, con sentido crítico y ético, aplicando conocimientos técnicos específicos y estrategias ágiles de planificación y gestión de proyectos, y reflexiona sobre el proceso realizado y el resultado obtenido, para elaborar un prototipo final de valor para los demás, considerando tanto la experiencia de **éxito** como de fracaso, una oportunidad para aprender
1.1.1.2. Aplica autónomamente un programa de actividad física adecuado al nivel de condición física y a las necesidades e intereses propios de la tercera edad		

1.2.1.1. Difunde la actividad realizada con las personas de la tercera edad en redes sociales.	Competencia digital	CD3. Selecciona, configura y utiliza dispositivos digitales, herramientas, aplicaciones y servicios en línea y los incorpora en su entorno personal de aprendizaje digital para comunicarse, trabajar colaborativamente y compartir información, gestionando de manera responsable sus acciones, presencia y visibilidad en la red y ejerciendo una ciudadanía digital activa, cívica y reflexiva
1.3.1.1. Identifica los componentes de un estilo de vida saludable y las conductas de riesgo en personas de la tercera edad a través de la elaboración de un informe.	Competencia ciudadana	CC1. Analiza hechos, normas e ideas relativas a la dimensión social, histórica, cívica y moral de su propia identidad, para contribuir a la consolidación de su madurez personal y social, adquirir una conciencia ciudadana y responsable, desarrollar la autonomía y el espíritu crítico, y establecer una interacción pacífica y respetuosa con los demás y con el entorno
2.3.1.1. Promueve una actividad para la tercera edad, en un contexto diferente de actividad física e integra completamente conceptos de justicia social y equidad en sus actividades.	Competencia personal, social y de aprender a aprender	CPSAA3.1. Muestra sensibilidad hacia las emociones y experiencias de los demás, siendo consciente de la influencia que ejerce el grupo en las personas, para consolidar una personalidad empática e independiente y desarrollar su inteligencia

Tabla 6. Saberes básicos

Saberes básicos de la SdA	Bloque	Subbloque
Características de las actividades físicas saludables en la 3ª edad: beneficios, riesgos, tipología y orientaciones metodológicas	1	1.1. Salud Física
Componentes del estilo de vida saludable en la 3ª edad		
Inclusividad en el mundo del deporte, la actividad física y el ocio activo		1.2. Salud Social
Valoración de la actividad física y el deporte como componentes resolutivos de estados depresivos		1.3 Salud Mental
Gestión de materiales y espacios	2	2.1. Medidas preventivas y de seguridad
Creación y cuidado de contenidos de difusión y promoción de actividad física.		2.2. Herramientas digitales para la gestión de la actividad física
Actividades y dinámicas de animación sociocultural en la tercera edad		2.3. Juegos y deportes
Gestión de grupos: organización y dinamización de grupos.	3	3.1 Gestión emocional y habilidades comunicativas
Interacción y habilidades sociales: escucha activa, diálogo, negociación, asertividad, comunicación efectiva y otras.		
Saberes complementarios		
Características propias de las personas de la tercera edad: perfil psicológico, fisiológico y social		

Tabla 7. Secuencia didáctica de cada una de las sesiones de trabajo

	Saberes/Aprendizajes	Metodología/Acciones formativas	Agrup.	Espacio	Recursos (Personales y/o materiales)	Crit/Ind (Eval)	Ref DUA
						Sesión nº: 1 (Anexo 1)	
20'	-	Visita a las instalaciones del centro de la tercera edad y primera toma de contacto con las personas que participan en el programa.	GG	Centro 3ª edad	Personas del centro de la tercera edad y responsables.		3.1
20'	-	Clase Magistral sobre la presentación del programa			Presentación en PowerPoint (anexo 1.1) Proyector.	CEV 1.3 Ind. 1.3,1.1	
15'	Características de las actividades físicas saludables en la 3ª edad; Inclusividad en el mundo del deporte, la actividad física y el ocio activo; Valoración de la actividad física y el deporte como componentes resolutivos de estados depresivos	Debate acerca de la importancia de la actividad física en la tercera edad y sus características.		Sala centro 3ª edad	Director/a del centro de tercera edad Documento puntos clave para el debate (anexo 1.2.)	1.3; 3.1; 1.1, 1.3	

	Saberes/Aprendizajes	Metodología/Acciones formativas	Agrup.	Espacio	Recursos (Personales y/o materiales)	Crit/ Ind (Eval)	Sesión nº: 2 — Ref DUA
45'	Características propias de las personas de la tercera edad: perfil psicológico, fisiológico y social Componentes del estilo de vida saludable en la 3ª edad Valoración de la actividad física y el deporte como componentes resolutivos de estados depresivos	Los estudiantes, en grupos, buscan y seleccionan información relevante en internet sobre los dos primeros puntos incluidos en un documento-índice que se les facilita en la sesión (anexo 2.1). A continuación, redactan los dos primeros puntos del informe. El profesor supervisa la actividad y da retroalimentación a los alumnos. La elaboración del informe abarcará también la siguiente sesión.	PG	Sala de ordenadores	Documento-índice del informe (Anexo 2.1.) Ordenadores, tablet, Documento-índice del informe (Anexo 2.1.) Ordenador o tablet Instrumento de calificación (Anexo 2.2)	CEV 1.3 2.2 2.2	2.3 3.3
10'		Puesta en común de los problemas y dificultades experimentados hasta ahora en la elaboración del informe.	GG		—		

Sesión nº: 3							
(tiempo)	Saberes/Aprendizajes	Metodología/Acciones formativas	Agrup.	Espacio	Recursos (Personales y/o materiales)	Crit/Ind (Eval)	Ref DUA
40'	Características de las actividades físicas saludables en la 3ª edad: beneficios, riesgos, tipología y orientaciones metodológicas	Los alumnos continúan y finalizan la realización del tercer punto del informe en base al modelo proporcionado por el profesor (anexo 2.1) El profesor supervisa la actividad y da retroalimentación a los alumnos.	PG	Sala de ordenadores	Documento-índice del informe (Anexo 2.1.) Ordenador o tablet Instrumento de calificación (Anexo 2.2)	CEV 1.3 2.2	2.2
15'		Puesta en común del informe realizado y refuerzo sobre aquellos aspectos importantes y relevantes del trabajo demandado.	GG		——		

	Saberes/Aprendizajes	Metodología/Acciones formativas	Agrup.	Espacio	Recursos (Personales y/o materiales)	Sesión nº: 4 (Anexo 4) Crit/ Ind (Eval)	Ref DUA
40'	Gestión de materiales y espacios. Actividades y dinámicas de animación sociocultural en la tercera edad. Gestión de grupos: organización y dinamización de grupos.	Realización y experimentación de una sesión tipo de actividad física para personas de la tercera edad impartida por el docente.	GG	Gimnasio	Ficha de sesión ejemplo (anexo 4) Pelotas, conos, aros, cintas elásticas, esterillas, fitball, sillas, pelotas de tenis	CEV 1.1.	2.1, 2.3
15'	Interacción y habilidades sociales: escucha activa, diálogo, negociación, asertividad, comunicación efectiva y otras.	Puesta en común para destacar los aspectos relevantes en la futura confección de actividades para el programa.			————	CEV 1.3	2.2

⏱	Saberes/Aprendizajes	Metodología/Acciones formativas	Agrup.	Espacio	Recursos (Personales y/o materiales)	Crit/Ind (Eval)	Ref DUA
10'	-	Se realiza una breve introducción sobre la realización del programa explicando qué deben incluir en él y se les facilita un documento con el índice que deben seguir (anexo 5.1)			Ordenadores / Documento-programa y ficha de sesión (Anexo 5.1)	—	1.2
45'	Actividades y dinámicas de animación sociocultural en la tercera edad / Características de las actividades físicas saludables en la 3ª edad: beneficios, riesgos, tipología y orientaciones metodológicas. / Gestión de materiales y espacios. / Gestión de grupos: organización y dinamización de grupos.	Los estudiantes, en grupos de 5, buscan y seleccionan ejercicios y actividades adaptados para la tercera edad. / El profesor supervisa la actividad y da retroalimentación a los alumnos. / Los mismos grupos empiezan a organizar y planificar las sesiones prácticas, determinando las partes de la sesión, duración, materiales.	PG	Aula clase y gimnasio	Planilla para la creación de dibujos y actividades (Anexo 5.2) / Instrumento de calificación (Anexo 5.3)	CEV 1.1 y 2.3	

	y la distribución de las diferentes actividades para el día de su implementación en base al documento-programa facilitado por el profesor (anexo 5.1).
	El profesor supervisa la actividad y da retroalimentación a los alumnos.
	Esta actividad tendrá su continuación en la siguiente sesión.

Sesión nº: 6 (Anexo 6)

	Saberes/Aprendizajes	Metodología/Acciones formativas	Agrup.	Espacio	Recursos (Personales y/o materiales)	Crit/ Ind (Eval)	Ref DUA
40'	Gestión de Materiales y espacios Actividades y dinámicas de animación sociocultural en la tercera edad Gestión de grupos: organización y dinamización de grupos.	Con los mismos grupos de la sesión anterior, los alumnos continúan y finalizan el documento-programa para personas de la tercera edad. El profesor supervisa la actividad y da retroalimentación a los alumnos.	PG	Aula clase y gimnasio	Ordenadores Hoja índice del trabajo y ficha de sesión (Anexo 5.1) Planilla creación dibujos actividades (Anexo 5.2) Instrumento de calificación (Anexo 5.3)	CEV 1.1 y 2.3	1.2
15'		Puesta en común para destacar los aspectos relevantes en la confección de actividades y sesiones para el programa.					

	Saberes/Aprendizajes	Metodología/Acciones formativas	Agrup.	Espacio	Recursos (Personales y/o materiales)	Crit/Ind (Eval)	Sesión nº: 7 (Anexo 7) Ref DUA
10'	-	Asignación de los grupos de la tercera edad a los grupos de alumnos "directores" para la impartición de las sesiones prácticas. Dinámica grupal conjunta con la actividad el viento sopla.				—	
40'	Gestión de Materiales y espacios. Gestión de grupos: organización y dinamización de grupos. Interacción y habilidades sociales: escucha activa, diálogo, negociación, asertividad, comunicación efectiva y otras	Los alumnos por grupos de 5 personas, imparten a los residentes las actividades previamente planificadas y preparadas.	GG	Sala de psicomotricidad centro 3ª edad	Pelotas, conos, picas, cintas elásticas, esterillas, equipo de música (material que hayan planificado)	CEV 1.1 y 2.3	2.1

| 5' | Interacción y habilidades sociales: escucha activa, diálogo, negociación, asertividad, comunicación efectiva y otras. | Debate con los residentes sobre la idoneidad de las actividades. | | Salón de actos | Residentes y director/a centro | CEV 1.1 | 2.2 |

Sesión nº: 8 (Anexo 8)

	Saberes/Aprendizajes	Metodología/Acciones formativas	Agrup.	Espacio	Recursos (Personales y/o materiales)	Crit/Ind (Eval)	Ref DUA
10'	———	Los alumnos se distribuyen igual que el día anterior			Director/a centro	———	
40'	Gestión de Materiales y espacios Gestión de grupos: organización y dinamización de grupos. Interacción y habilidades sociales: escucha activa, diálogo, negociación, asertividad, comunicación efectiva y otras	Los alumnos por grupos de 5 personas, imparten a los residentes la segunda sesión de actividades previamente planificadas y preparadas.	GG	Sala de psicomotricidad centro 3ª edad	Pelotas, conos, picas, cintas elásticas, esterillas, equipo de música (material que hayan planificado) Instrumento de calificación (Anexo 8.1)	CEV 1.1, 2.3	2.1

Tiempo	Saberes/Aprendizajes	Metodología/Acciones formativas	Agrup.	Espacio	Recursos (Personales y/o materiales)	Crit/Ind (Eval)	Ref DUA
5'	Interacción y habilidades sociales: escucha activa, diálogo, negociación, asertividad, comunicación efectiva y otras.	Debate con los residentes de la idoneidad de las actividades.		Salón de actos	Residentes y director/a centro	CEV 1.1	2.2

Sesión nº: 9

Tiempo	Saberes/Aprendizajes	Metodología/Acciones formativas	Agrup.	Espacio	Recursos (Personales y/o materiales)	Crit/Ind (Eval)	Ref DUA
20'	Creación y cuidado de contenidos de difusión y promoción de actividad física.	Explicación del funcionamiento de las redes sociales (inconvenientes, riesgos, líneas rojas...) y los pasos a seguir para la difusión de la actividad en ellas.	GG	Sala de ordenadores	Instrumento de calificación (Anexo 9.1) Proyector.	CEV 1.2 / 2.2	2.2 / 3.1
30'		Publicación y difusión del evento en redes sociales con el fin de promover la actividad física.	PG	Sala de ordenadores	Ordenador		

⏱	Saberes/Aprendizajes	Metodología/Acciones formativas	Agrup.	Espacio	Recursos (Personales y/o materiales)	Sesión nº: 10 Crit/ Ind (Eval)	Ref DUA
15'	Inclusividad en el mundo del deporte, la actividad física y el ocio activo. Valoración de la actividad física y el deporte como componentes resolutivos de estados depresivos	Valoración del resultado de las actividades propuestas en el centro de la tercera edad.	GG	Aula clase	Director/a del centro	CEV 1.1, 1.2, 1.3 y 2.3	2.2
35'		Rutina de pensamiento (antes pensaba-ahora pienso).			——		2.2
5'	——	Se presenta un vídeo recuerdo del centro de la tercera edad realizado por el docente y se cierra y concluye la SdA			——		3.1

Anexos

Anexo 1. Sesión 1

Sesión Nº: 1	Duración sesión: 55 min.
Material: Presentación PowerPoint, proyector	Nº Alumnos: 25

PARTE INTRODUCTORIA
El docente se desplaza junto con el alumnado al centro de la 3ª edad situado a escasos metros del instituto.
PARTE INICIAL
- **Actividad 1.** Los alumnos visitan el centro de la tercera edad para conocer de primera mano las instalaciones. El director del centro les hace una visita guiada enseñándoles las principales estancias, así como el lugar donde impartirán las sesiones de actividad física. Asimismo, conocen a las personas que van a participar en el escueto programa de actividad física que van a crear los propios alumnos, teniendo una primera toma de contacto, hablando con ellos y relacionándose.
PARTE PRINCIPAL
- **Actividad 2.** En la sala de audiovisuales del centro, se explica de forma detallada el proyecto a los alumnos y se les indica qué deben realizar para superar esta situación de aprendizaje. Para ello se hace uso de un PowerPoint (anexo 1.1) que se les colgará en la plataforma Moodle de la asignatura.
PARTE FINAL
- **Actividad 3.** Se realiza un debate acerca de la importancia de la actividad física en la tercera edad y sus características, qué aspectos se deben tener en cuenta o consideran que son esenciales para este tipo de colectivo. El profesor irá lanzando preguntas, moderando y orientando el debate teniendo como base el documento de puntos clave (anexo 1.2). El director del centro estará presente en el debate para así poder aportar su experiencia en el ámbito.

Anexo 1.1. PowerPoint presentación asignatura

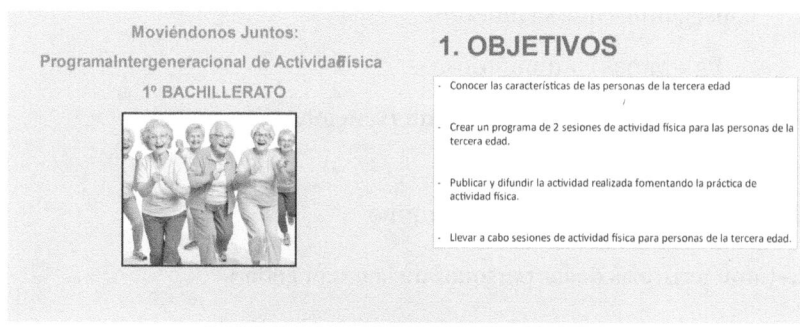

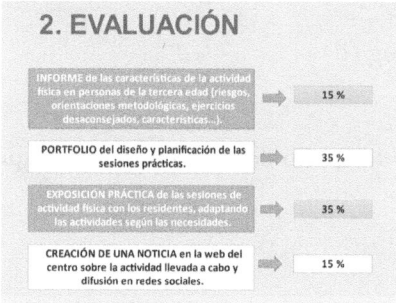

Anexo 1.2. Documento de puntos clave para el debate

Puntos clave para plantear y tratar en el debate:

1. Actividad física en la 3ª edad, ¿sí o no? ¿Beneficio o riesgo?

   a. Salud física, mental y social.

   b. Calidad de vida.

2. Características de la actividad física en la 3ª edad, ¿todo vale?

   a. Tipo de ejercicio recomendado.

   b. Parámetros saludables: volumen, intensidad y frecuencia.

   c. Adaptaciones y precauciones.

3. Estrategias para fomentar la actividad física en la 3ª edad. ¿Cómo conseguimos que se muevan?

   a. Programas comunitarios.

   b. Difusión de programas e intervenciones.

Anexo 2.1 Esquema e índice del informe

1.- Características de las personas de la tercera edad

   1.1. Perfil fisiológico

   1.2. Perfil psicológico

   1.3. Perfil social

2.- Componentes del estilo de vida saludable en personas de la tercera edad

   2.1. Actividad física

   2.2. Descanso

   2.3. Alimentación

   2.4. Relaciones sociales

   2.5. Adicciones

3.- Práctica de actividad física en la tercera edad

   2.1. Beneficios

   2.2. Riesgos y ejercicios desaconsejados

   2.3. Tipos de Ejercicio Recomendados

   2.4. Orientaciones metodológicas

Anexo 2.2 Lista de Chequeo de evaluación del informe sobre las características de personas de la 3ª edad

LISTA DE CHEQUEO INFORME CARACTERÍSTICAS PERSONAS 3ª EDAD			
Componentes del grupo			
Aspecto a Valorar	SI	NO	A.V.
Especifica los componentes del estilo de vida saludable en personas de la tercera edad			
Describe las características propias de las personas mayores de 65 años			
Esclarece los riesgos de actividad física de las personas mayores de 65 años			
Determina ejercicios desaconsejados para personas de la tercera edad			
Especifica los tipos de ejercicios recomendados a la hora de impartir una sesión de actividad física con personas mayores			
Determina los beneficios de hacer actividad física este tipo de personas			
Determina características fisiológicas, psicológicas y sociales de las personas mayores.			
CALIFICACIÓN GRUPO			

Anexo 4. Sesión 4

Sesión Nº: 4	Duración sesión: 55 min.
	Nº Alumnos: 25

Material: Pelotas, conos, aros, cintas elásticas, esterillas, fitball, sillas, pelotas de tenis.

PARTE INTRODUCTORIA	ILUSTRACIÓN
Construcción ambiente de aprendizaje y colocación material (petos, conos...). Determinación de los grupos de trabajo.	

CALENTAMIENTO

- **Juego de presentación:** El juego consiste en, colocados en círculo, ir diciendo cada uno su nombre y el de la persona que se quiera por turnos; siempre al ritmo que marca el docente. Se varían los ritmos y las palmadas hasta que se hayan presentado todos sin perder el ritmo.

- **Tareas de activación:**

En 2 grupos de 13 y 12 personas cada uno realizamos ejercicios de activación alrededor de unas sillas movilizando las articulaciones de forma general. Se acaba jugando a la sillita (adecuado o no para hablarlo en la reflexión)(Debido a tener un alumno con hemiplejia en silla de ruedas: se juega de forma similar pero ocupando espacios concretos).

En el mismo círculo y sentados por parejas, nos pasaremos distintos objetos (pelotas, aros, pelotas de tenis..) de diferentes formas intentando evitar que esta caiga (dos manos, mano derecha, izquierda..).

PARTE PRINCIPAL

- **Juegos de Ritmo y Baile:** Enseñanza de una tabla muy básica de aeróbic con unos pasos bien definidos utilizando diferentes desplazamientos coordinativos y siempre a un ritmo marcado. (la coreografía se podrá realizar igual en silla de ruedas, adaptando los movimientos).

Juegos de Condición Física: Circuito de Fuerza Resistencia por postas en grupos de 4 personas.

Posta 1: Con cintas elásticas colocadas en los pies y cogidas con las manos caminar sin que esta se suelta de los pies. (el chico en silla de ruedas hará el ejercicio en estático).

Posta 2: Ejercicios de trabajo de bíceps con goma elástica aguantando esta con los pies. Primero se trabaja una parte del cuerpo y después la otra. Se puede probar de trabajar las dos a la vez. Centrarse en la correcta realización.

Posta 3: En posición sentado y con gomas trabajar la fuerza, potenciación o fortalecimiento excéntrico de los músculos gemelos. (el chico en silla de ruedas trabajará otra zona muscular).

Posta 4: Por parejas ejercicio de cargas y empuje con diferentes partes del cuerpo y diferentes materiales. (el chico en silla de ruedas realiza el ejercicio de forma diferente, pero realizando igualmente cargas).

- **Juegos Cooperativos:** Realización de actividades por parejas donde han de llevar una pelota en diferentes partes del cuerpo. Pasarse la pelota de diferentes formas. Se cambia de material y se utiliza un fitball, se aumenta el número de personas por grupos. En definitiva, juegos socializadores de cooperación.

VUELTA A LA CALMA

- **Reflexión grupal.**

OBSERVACIONES

CONSIDERACIONES:
- Cada persona es única y tiene diferentes capacidades y limitaciones. Es fundamental adaptar los ejercicios a las necesidades de cada uno. Siempre he de tener en cuenta aspectos médicos.
- Importante incluir un calentamiento muy sencillo en función del grupo con el que trabajamos. Importante empezar socializando.
- Los ejercicios deben ser de bajo impacto como andar, caminar, etc. que no lastimen las articulaciones.
- Siempre es importante introducir fortalecimiento muscular, mejora del equilibrio y flexibilidad. Aspectos que se deterioran.
- La hidratación en todo momento es fundamental.
- Los ejercicios siempre que se pueda en pareja o pequeños grupos con el fin de motivar y socializar. SE HACE MÁS AMENO.

Anexo 5.1 Índice Documento-Programa

1.- Introducción

2.- Selección de ejercicios y actividades

2.1. Justificación de su adecuación

3.- Elaboración de las sesiones

3.1. Estrategias metodológicas

3.2. Sesión 1

- Parte inicial/calentamiento

- Parte principal

- Parte final/vuelta a la calma

3.3. Sesión 2

- Parte inicial/calentamiento

- Parte principal

- Parte final/vuelta a la calma

GRUPO:		
Sesión nº:	Fecha:	Duración de la sesión:
Lugar:	Hora:	Nº de Participantes :
Material:		
Objetivos:		
CALENTAMIENTO		
PARTE PRINCIPAL		
VUELTA A LA CALMA		
OBSERVACIONES		

Anexo 5.2 Plantilla creación tareas motrices

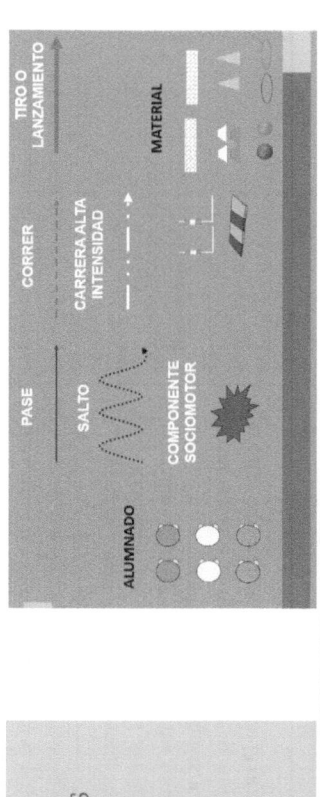

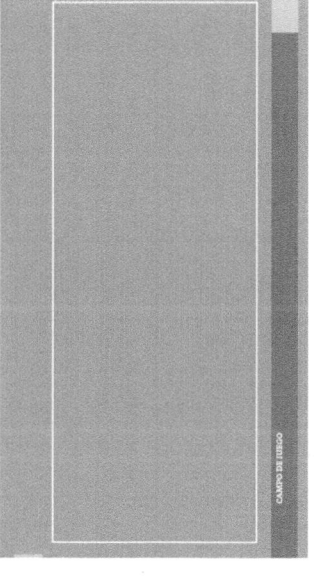

Anexo 5.3 Rúbrica de evaluación del DOCUMENTO-PROGRAMA

RÚBRICA EVALUACIÓN DEL DOCUMENTO-PROGRAMA

Componentes del grupo / Ítem a evaluar/ Valoración	2,5	5	7,5	10
Selección de ejercicios	Selecciona ejercicios y actividades poco adecuados para la tercera edad, sin considerar las limitaciones y necesidades específicas de este grupo.	Selecciona algunos ejercicios y actividades adecuados, pero no cubre todas las necesidades y limitaciones de la tercera edad.	Selecciona la mayoría de ejercicios y actividades adecuados, teniendo en cuenta las necesidades y limitaciones de la tercera edad.	Selecciona ejercicios y actividades altamente adecuados, considerando plenamente las necesidades y limitaciones de la tercera edad.
Justificación de la adecuación	Justificación mínima o inexistente de la adecuación de los ejercicios y actividades, sin proporcionar argumentos claros o basados en evidencias.	Justificación parcial de la adecuación de los ejercicios y actividades, con argumentos algo vagos o generalizados y algunas evidencias limitadas.	Justificación adecuada de la mayoría de ejercicios y actividades, utilizando argumentos claros y basados en evidencias razonables	Justificación completa y sólida de la adecuación de todos los ejercicios y actividades, con argumentos claros, detallados y respaldados por evidencia científica
Elaboración de sesiones	La sesión no está estructurada correctamente. Falta alguna parte y no sigue un orden coherente	La sesión tiene una estructura básica, pero algunas partes están incompletas o desordenadas	La mayoría de la sesión está bien estructurada, aunque existe alguna incoherencia	La sesión está bien estructurada, incluye todas las partes necesarias y sigue un orden lógico
CALIFICACIÓN GRUPO				

Anexo 7. Sesión 7

Sesión Nº: 7	Duración sesión: 55 min.
Material: Material variado que determine cada grupo de Educación Física.	**Nº Alumnos: 25**

PARTE INTRODUCTORIA
Los alumnos previamente han preparado el material para la realización de las sesiones de actividad física.
PARTE INICIAL
- **Actividad 1.** Se asigna a cada grupo de alumnos el grupo de personas de la tercera edad con las que van a trabajar (5 personas de la 3ª edad) en la sala de psicomotricidad del centro y se lleva a cabo una dinámica grupal conjunta, realizando la actividad del viento sopla de forma adaptada. La actividad consiste en lo siguiente: todos los integrantes del grupo se colocan en un círculo formado por sillas, dejando una persona, de pie, en el centro. Esta persona será quien dirija la actividad y diga la frase "El viento sopla para aquellos que...". Completará la frase con una característica que pueda aplicar a algunos de los integrantes del círculo, como por ejemplo "El viento sopla para aquellos que les gusta el queso" o "El viento sopla para aquellos que han viajado al extranjero". Las personas a las que les aplica la frase deben cambiar rápidamente de lugar y la persona en el centro también tratará de ocupar uno de los lugares vacíos. Quien se quede sin lugar se convierte en la nueva persona del centro y continuará la actividad con una nueva frase. La actividad sigue hasta que se considere suficiente o hasta que todos se sientan más relajados y en confianza.
PARTE PRINCIPAL
- **Actividad 2.** Los alumnos, organizados en los grupos de 5 establecidos previamente, llevan a cabo las actividades planificadas e ideadas con el grupo de personas de la tercera edad (5 por grupo también). - El profesor supervisará durante toda la sesión las actuaciones realizadas por los alumnos
PARTE FINAL
- **Actividad 3.** Debate con los residentes en grupos reducidos (los mismos con los que han trabajado) sobre la idoneidad de las actividades dotando de feedback a los alumnos de cara a la siguiente sesión. Estará presente el director del centro para una retroalimentación más completa.

Anexo 8. Sesión 8

Sesión Nº: 8	Duración sesión: 55 min.
Material: Material variado que determine cada grupo de Educación Física.	**Nº Alumnos:** 25

PARTE INTRODUCTORIA

Los alumnos previamente han preparado el material para la realización de las sesiones de actividad física. Además, han mejorado y modificado (en caso necesario) el desarrollo de cada una de las actividades o tareas a llevar a cabo con las personas de la tercera edad en función de la experiencia de la sesión anterior.

PARTE INICIAL

- Actividad 1. Se divide a cada grupo de alumnos con las personas de la tercera edad con las que van a trabajar (5 personas de la 3ª edad) en la sala de psicomotricidad del centro y se hace una dinámica grupal conjunta.

PARTE PRINCIPAL

- Actividad 2. Los alumnos por grupos de 5 personas, imparten a los residentes la segunda sesión de actividades previamente planificadas y preparadas corrigiendo errores sucedidos en la sesión anterior y con la supervisión del docente.

PARTE FINAL

- Actividad 3. Debate en gran grupo con todos los residentes que han participado en las actividades sobre la idoneidad de las actividades dotando de feedback a los alumnos.

Anexo 8.1 Rúbrica de evaluación de la exposición práctica en el centro de la 3ª edad

RÚBRICA DE EVALUACIÓN EXPOSICIÓN PRÁCTICA				
Componentes del grupo				
Ítem a evaluar/ Valoración	**2,5**	**5**	**7,5**	**10**
Demostración práctica	La demostración práctica es confusa y difícil de seguir. No ayuda a clarificar la actividad o ejercicio físico, dejando a los participantes más confundidos que antes	La demostración práctica tiene partes claras, pero falta coherencia y algunos aspectos importantes de la actividad o ejercicio físico no están bien explicados	La demostración práctica es clara y coherente. Ayuda a los participantes a comprender mejor la actividad o ejercicio físico y cubre la mayoría de los puntos clave	La demostración práctica es excepcionalmente clara y bien organizada. Facilita una comprensión profunda de la actividad o ejercicio físico, y aborda todos los puntos clave
Motivación	La motivación es mínima o inexistente. Las personas mayores no se sienten animadas a participar ni a mantenerse activas durante las sesiones.	La motivación es parcial. Algunas personas mayores se sienten animadas a participar, pero no todas, y el nivel de actividad no se mantiene consistentemente.	La motivación es buena. La mayoría de las personas mayores se sienten animadas a participar y a mantenerse activas durante las sesiones.	La motivación es excepcional. Todas las personas mayores se sienten animadas a participar y a mantenerse activas durante las sesiones, con un alto nivel de entusiasmo y energía.

Lenguaje claro y accesible	La explicación es confusa, utiliza términos técnicos sin aclaración y no es accesible para la mayoría de los participantes	La explicación es en su mayor parte clara, pero algunos términos técnicos no están explicados y la accesibilidad es limitada para algunos	La explicación es clara y utiliza un lenguaje accesible para la mayoría de los participantes, con pocos términos técnicos sin aclaración	La explicación es excepcionalmente clara y utiliza un lenguaje completamente accesible, explicando todos los términos técnicos y asegurando la comprensión de todos los participantes.
Empatía, paciencia y comprensión	La empatía, paciencia y comprensión son mínimas o inexistentes. Los participantes no se sienten comprendidos ni apoyados durante las sesiones.	La empatía, paciencia y comprensión se muestran de manera inconsistente. Algunos participantes se sienten comprendidos, pero otros no.	La empatía, paciencia y comprensión son evidentes. La mayoría de los participantes se sienten comprendidos y apoyados durante las sesiones.	La empatía, paciencia y comprensión son excepcionales. Todos los participantes se sienten plenamente comprendidos, apoyados y valorados durante las sesiones.
	CALIFICACIÓN GRUPO			

Anexo 9.1 Lista de chequeo sobre la difusión de la noticia en la web del centro

LISTA DE CHEQUEO DIFUSIÓN NOTICIA EN WEB DEL CENTRO			
Componentes del grupo			
Aspecto para valorar	SI	NO	A.V.
Claridad del Mensaje: ¿El mensaje es claro y fácil de entender?			
Uso de Imágenes/Videos: ¿Se han utilizado imágenes o videos atractivos y relevantes?			
Hashtags Adecuados: ¿Se han incluido hashtags relevantes y populares?			
Interacción con la Audiencia: ¿Se han respondido comentarios y mensajes de la audiencia?			
Uso de Plataformas Adecuadas: ¿Se han utilizado las plataformas de redes sociales más adecuadas?			
Colaboraciones y Etiquetas: ¿Se han etiquetado a personas o entidades relevantes?			
CALIFICACIÓN GRUPO